깨침의 철학

깨침의 철학

히사마쯔신이치 [久松眞一]

원연스님 편역

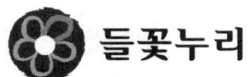

시작하는 말

동양 철학은 '없다〔無〕'의 입장에서 사유합니다. 그에 반해 서양 철학은 '있다〔有〕'의 입장에서 사유합니다. 하지만 불교는 이러한 이분법적인 '있다' '없다'의 분별에서 벗어나 자기의 실체를 찾는 데 그 궁극의 목적이 있습니다.

그렇다면 나의 정체성, 나아가 한국인의 참된 실체는 무엇입니까? 또 동양의 참 정신은 무엇일까요?

요즈음 우리는 정체성 불명이라는 말을 자주 사용하고 있습니다. 그만큼 정체성의 의미가 퇴색된 것이 우리의 현실입니다. '우리 것이 좋은 것'이라는 광고 문구도 있지만 사실 우리는 어느 것이 우리 것인지를 알지 못한 채 외국 문물을 무분별하게 수용하며 살고 있습니다. 요컨대 한국인의 정체성을 점점 잃어가고 있는 것입니다. 자신의 참모습이 아닌 모습을 따라하며, 그런 줄도 모르고 살아가고 있는 모습이 안타깝습니다. 이러한 혼돈의 시대에 지금은 만나 뵐 수 없지만 항상 마음속에 살아 있는 서옹 큰스님이 더욱 그리워집니다.

서옹 큰스님은 우리 동양의 참 정신은 참사람에 있다고 하시면서 일생을 그에 대해 말씀하셨습니다. 스님의 그 말씀은 큰 가르침이 되어 항상 제 마음속에 크게 자리잡고 있었습니다.

어느 날 일본의 불교학자 히사마쯔신이찌〔久松眞一〕의 글을 읽다가 마음에 와 닿는 부분이 있어 이를 이쁜 책으로 만들어 서옹 큰스님께 헌정하려 했습니다. 그런데 책이 나오기도 전에 스님께서는 육신의 옷을 벗으셨습니다. 스님은 먼저 가셨지만 평소 말씀하신 참사람 정신은 정체성을 상실하고 불안한 시대에 살고 있는 이들에게 꼭 필요하다 여겨 마무리를 하게 되었습니다.

일상사에 바쁜 와중에도 깨침의 길을 걷는 이들에게 조금이나마 도움이 되었으면 하는 바람으로 부족함이 많은 글을 내놓습니다.

이 책이 나오기까지 도와주신 분들이 떠오릅니다. 김화열님을 비롯하여 흔쾌히 사진을 제공하여 주신 임윤수님, 이완성님, 정창헌님께도 심심한 사의를 표합니다. 그밖에도 많은 도움을 주신 분들께 머리 숙여 감사드립니다.

끝으로 서옹 큰스님의 참사람 정신을 되새기며 예의 그 말씀에 담긴 정신을 피안에서도 전해주기를 바라는 마음으로 이 책을 스님께 바칩니다.

편역자 씀

깨침의 철학

차 례

> 불교에서 말하는 부처와 진여란
> 차별이 스스로 자신을 해체하여 진정한 하나로 돌아가는 것을 말한다.
> 자신의 근원으로 돌아가면 그곳이 하나이면서 주체가 된다.
> 이러한 하나가 본체인 것이다.
> 그래서 본체가 살아 있는 생명이 된다.
> 그것은 시간과 공간을 자신 속에 가지는 주체이다.
> 그리고 본래 시간·공간과 같이 보통의 시간·공간의 근원으로 인해 살아 있는 생명이 된다.
> 이와 같이 살아 있는 생명을 법계라 하는 것이다.
> (……)
> 이 책에서 말하는 하나나 본체란
> 일체의 것을 자신 속에 포함하며 한없이 새로운 것이 솟아나는 것을 이른다.
>
> —본문 중에서—

시작하는 말_ 4

제 1 장_ 동양적무(東洋的無) ··· 9

제 2 장_ 동양적으로 형이상적이 되는 것 ································· 17

제 3 장_ 법계 연기론(法界緣起論) ··· 41

제 4 장_ 참 종교를 찾아서 ··· 163

제 5 장_ 불교 철학의 방법 ··· 181

후 기_ 247

제 1 장

동양적 무(東洋的無)

학자란 문자 그대로 풀어 보면 '학문을 연구하는 사람'이란 뜻이다. 따라서 순수 학자란 학문을 위한 학문을 하기보다는 배우기 위한 학문을 하는 사람이라 할 수 있다. 하지만 저자 히사마쯔신이찌[久松眞一]는 그러기 위해 학문을 한 적도 없고, 또한 그렇게 하려고 생각도 안 했다. 그러므로 학문을 한다는 것은 그의 궁극의 목적도 아니고 관심사도 아니다. 그에게는 생명을 받히는 문제였다. 요컨대 목숨을 걸 정도의 절박한 선택이었다. 이는 수많은 가능성 중의 하나를 선택할 수 있는 그런 문제가 아니라 오직 학문 그 자체로 유일한 것이었다. 그러므로 혼신의 힘을 다해 필사적으로 문제와 직면할 수밖에 없었다. 이는 구체적이며 근본적인 '존재란 무엇인가'의 문제였다. 그렇기 때문에 단순히 그의 생명의 일부분이 되는 학문의 문제라고 볼 수 없다. 그의

온 생명에 해당하는 삶의 문제였다.

  이때 '나'라는 존재가 심각한 문제로 대두된다. '나'는 3인칭으로 객관화된 것이 아니라 실제로 살아 숨쉬면서 고뇌하는 존재 자체로서의 '나'를 말하기 때문이다. 산다는 것은 이와 같이
'나'의 존재에 대해 끊임없이 고뇌하는 것 이외 아무 것도 아니다.
  마치 중병에 걸려 생사의 기로에 서 있는 의학자의 처지와 비슷하기 때문이다. 의학자에게 병이란 객관적인 연구 대상이 아니라 시시각각 자신을 괴롭히는 고뇌이다. 병의 구체성은 의학자의 객관적인 연구 대상이 되어 있을 때보다 오히려 그 자신이 병에 걸려서 고뇌할 때 더욱 잘 드러난다.

  내가 고뇌한다는 것은 나에게 문제가 있다는 뜻이다. 그러나 나의 존재는 스스로 고뇌하고 또 항상 고뇌로부터 벗어나려 하므로 온전

ⓒ 임윤수

한 대상으로 취급할 수 없다. '나'라는 존재는 해결하지 않으면 안 되는 나 자신의 문제이다. 이런 존재는 존재라 해도 문제가 있으므로, 나 자신의 존재라고 할 수도 없는 존재이다.

문제 해결이란 곧 나의 존재가 해결되는 것을 의미한다. 저자는 이 문제를 해결하기 위해 동서 철학을 비롯한 옛 성인의 행적을 찾아 헤맸다. 그러다 니시다기타로우〔西田幾多郎서전기다랑〕노인의 유액(誘掖)과 시요우산〔湘山상산〕선생의 활계(活計)에서 그 해답을 얻어낼 수 있었다. 동양적무(東洋的無)라 칭하게 된 까닭도 여기에서 비롯된다.

'동양적무'는 동양만의 독특한 것이다.

동양적이라 칭하게 된 계기는 1938년의 한 철학 연구 발표 때이다.

ⓒ 임윤수

하지만 그 이전에 출간된 『빈주미분(賓主未分)』을 비롯하여 오래 전의 『동양적으로 형이상적이 되는 것(東洋的に形而上的なるもの)』에 이르기까지, 모든 글에 한결같이 '동양적무'가 흐르고 있다.

또한 선(禪)에 관한 모든 원고를 비롯하여 일반 종교 철학이나 서양 철학에도 그 연(緣)에는 '동양적무'를 밝히려 시도했다. 때론 서양의 신비주의에 공명했고, 때론 비합리주의에 공감했다.

그리고 어느 때는 인간중심주의가 일치하지 않아 신중심주의를 강조하기도 했다. 하지만 항상 '동양적무'의 입장에서였고, 그것에 의해 '동양적무'의 공명을 얻고자 한 것에 지나지 않는다. 결코 서양의 신비주의·비합리주의·위기신학 등과 같은 입장을 취한 것이 아니다.

이와 같이 이 책에 모은 글은 '동양적무'에 관해 이야기하기 위한

것이므로 각 글의 내용에 대한 맥락이 일정하지 않은 것은 아니지만 체계적으로 기획하여 쓴 것이 아니고 오랜 세월을 거치면서 이루어진 것이어서 통일성이 없고 잡스럽다. 따라서 처음의 순수함을 되새기며 원형 그대로를 살려 반성의 재료로 삼으려 한다. 존귀한 분들의 채찍이 있다면 고맙게 받아들일 것이다.

제 2 장
동양적으로 형이상적이 되는 것

요즈음 동양문화 혹은 동양 정신이라는 말을 자주 듣곤 한다. 이때 말하는 사람의 의도에 따라 동양이란 단어는 다르게 표현되고 있음을 전제로 한다.

주지하다시피 말하는 사람의 목적은 각자의 생각에 따라 의미나 내용이 같지 않다. 예컨대 민족 의식이나 군중 심리를 부추기기 위한 표어적인 경우도 있고, 동양에서는 서양과는 다른 독특한 문화를 창조하지 않으면 안 될 것 같은 압박감에서 사용됨이 그렇다.

또는 어떠한 것이든 적어도 동양에서 과거에 존재했거나 현존하는 일체의 문화적 사실을 남김없이 모두 알아 역사적으로 선양하려는 경우도 그렇다. 그리고 단순히 사실을 아는 데 멈추지 않고, 그 사실 속에 서양 문화와는 다른 것을 유출하여 특질, 근저 또는 가치를 규명하여 문화적·철학적으로 맹위를 떨치게 하려는 경우 역시 마찬가지이다. 따라서 같은 동양 문화를 표현할 경우에도 관심사가 달라 취급하는 방법 또한 다르다. 그렇기 때문에 저자는 동양적인 것으로 서양 문화와 특별히 특징지어 구별될 수 있는 문화를 무엇에 기준할 것인가에 초점을 맞추어 이야기를 전개하고 있다.

저자는 서양과는 다른 형이상적〔형이상학적(形而上學的)이 아님〕인 것, 특히 동양에서 추구하고 그것을 토대로 서양과는 다른 형이상학・철학・종교・도덕・예술 등의 거대한 문화가 동양에서 흥성했다고 생각한다. 만약 형이상적인 것이 동양에서 형성되지 못하고, 전승되지 않았더라면 동양적이라고 특징지을 만한 문화를 소유할 수 없었을 것이라고 생각한다. 때문에 동양 문화를 내면적으로 이해하려면 먼저 형이상적이 되는 것을 파악해 두는 것이 필수이다.

'동양적으로 형이상적이 되는 것'이라 하면 지엽적인 것으로 생각할지 모르지만, 동양적이라는 것은 결코 그렇지 않다. 물론 그 자체는 동서양의 구별이 있는 것이 아니라 더할 나위 없이 보편적이다. 하지만 그것이 동양에서 형성되고 전승된 것을 토대로 그에 관한 철학・형이상학・도덕 등이 동양에서 일어났기 때문에 동양적이라 일컫는 것은 당연하다. 같은 맥락에서 볼 때 자연과학이 서양만의 전유물이 아님에도 불구하고 서양에서 발달했기 때문에 서양적이라고 기술하는 것뿐이다. 따라서 저자가 말하는 동양적 형이상적도 어떻게 하다 동양에서 형성된 것이긴 하지만 서양의 형이상적인 것과 성격이 같은 것으로 승인해 줄 것을 요구할 권리가 있다.

동양의 형이상적이 되는 것은, 서양의 형이상적이 되는 것과 단순히 다르다고 할 수만 없다. 그보다 한층 더 깊다고 해야 한다.

ⓒ 임윤수

그러나 지금은 그 점을 논하기 앞서 형이상적인 것의 성격을 설명하고자 한다.

생각해 보면 우리가 일반적으로 현실계라 하는 것은 외계나 내계 모두 '있다'의 세계이다.

몸을 가지고 정신을 가졌다고 생각하는 나나 너도 결코 '있다'의 세계로부터 벗어날 수 없다. '있다'의 세계에서는 끊임없이 서로 한계를 정하고, 상호간에 모순투성이로 존재하는 세계이다. 서로 한계를 정하는 것은, 모순이 아니고는 '있다'의 세계에서는 생각할 수 없기 때문이다.

있다고 하는 것은 반드시 한정하는 동시에 상대에게 한정되는 것이다.

상대를 한정하는 데 '있다'고 하는 것이 없으면 상대에게 한정되는 것에 의해 설명되는 '있다'고 하는 자체도 없게 된다.

정신이라 하는 것도 상대에 의해 한정됨이 전혀 없는 정신은 없는 것으로 물질도 마찬가지이다. 따라서
'있다'고 하는 것은 항상 타(他)로부터 한정되는 것이기 때문에 없는 것이라고 할 수밖에 없다.

이런 의미에서 볼 때 있는 것은 있음과 동시에 없다고 하는 것만이 아니고, 동시에 없다고 하는 것도 없으므로, 있다는 것을 있다고 할 수 없다. 그러므로 홀로 있다고 하는 것은 있을 수 없다.

있는 것은, 있다고 하는 것은 단순한 추상적 개념에 불과하다. 구체적으로 있는 것은 항상 없는 것에 직접 접목하고 있다.

그래서 없다는 것을 제쳐놓고 있다는 것만 생각할 수 없다. 하지만

말할 필요 없이 구체적으로 있다는 것은, 있다라는 단순한 개념이 아니기 때문에, 여기서 저자가 없다고 하는 것은, 있다고 하는 것을 전제로 하는 것이므로 있다고 하는 개념은, 없다고 하는 개념에 대한 상대적 개념이 된다. 단순한 형식논리적(形式論理的)인 의미로서 말하는 것이 아니라 있다는 것은 언제나 없다는 것의 전제인 것이다.

그러나 '없다'는 있다는 것의 한정적 조건이므로 '있다'의 미래일 수밖에 없지만 절대적 없음은 아니다. 없음이란 어떤 있음의 가상적 절대 존재이다.

우리는 흔히 무엇이 있다든가 없다라고 쉽게 말하지만 있다 없다는 엄밀히 분별할 수 없다. 있다는 것의 있다는 없다는 것의 없음이 동시에 존재하므로, 반대로 있다가 없다가 되고 없다는 것도 없다.

따라서 '있다' '없다'는 현실에서 긍정과 부정 이외 되지 않는다. '있다'는 것을 벗어나서는 긍정도 부정도, 즉 있고 없고도 없다. '없다'는 것은 '있다'의 부정인 동시에 자기 긍정이다. 요컨대 '있다'는 긍정과 동시에 자기 부정이 되는 것이다.

현실에 '있다'는 것은 단순히 없는 것이 아니고 있는 것에 의한 것이므로 구심성, 자기 보존성이 있어 원심성, 발전성이 있다.

그리스 철학에서 현실에 '있다'는 것은 순수형상으로 질과 재료도 아니고 형상과 질, 재료의 화합이라 생각하는 데, 이는 있는 것이 바로 없는 것임을 말하는 것이다. 그러므로 현실에서 '있다'는 '없다'와 같고, '없다'는 '있다'와 같다. 따라서
'있다'와 '없다'는 항상 서로 합일 관계이다.

언제나 서로 떨어져서 다르게 생각할 수 없다. 있는 것은 항상 없

는 것이고 없는 것은 항상 있는 것이다. 현실에 '있다'는 것의 근본은 현실에서 일체가 '있다'는 것으로 생각을 고치지 않으면 안 된다. 인간도 현실에서 '있다'는 것의 고정관념에서 벗어나지 못한다. 요컨대
인간의 모든 인식과 행위, 사회와 역사는 이 근본 틀에 제약받고 있다고 봐야 한다.

　요컨대 우리가 고정된 성격을 갖고 있는 한, 물질에 대해 생각하는 것도 행하는 것도 이런 입장에서 벗어날 수 없음이 그것이다. 이와 같은 행위는 현실의 사물만이 아니라 초현실적인 것이라든가 형이상적인 것이라 할지라도 인간의 근본 성격의 입장으로부터, 현실에 있는 것의 근본적인 성격에 의해, 있는 방향으로, 없는 방향으로, 있고 없음의 통일된 방향으로, 있고 없음의 상호 연결된 방향으로, 시간적으로, 논리적으로, 원인과 결과로, 이상으로, 논리적으로 생각한 것에 지나지 않는다.

　서양의 고대 철학에서 형이상적인 것이 어느 때는 없고, 어느 때는 있다. 또 어느 때는 순수 형상이다. 그리고 어느 때는 주된 원인이라 생각하며, 근세 철학에서 제일 원리·물 자체·요청적(要請的) 신·절대 이상·절대 이념·절대 동일·극한(極限)·절대 상호 연결·절대

통일 등이라 생각하는 것들은 대강의 논리로는 이끌어낼 수 없다.

고정적 형이상적이 되는 것은 현실을 완전히 초월했다 해도, 또는 현실과 모양이 하나가 되어 현실을 초월하는 것도 언제나 현실에 있다고 필연적으로 생각하는 인간으로서는 우리들 자신과는 다른 객체가 되어 우리를 대하고 있다고 생각하게 되므로 우리 자신이 주체는 되지 못한다.

'형이상적'인 것은 현실을 초월하지만, 현실에 근거를 두고 있기 때문에 주체적이라 할 수 있다. 또한 주체적이어야 한다는 생각이 들 수도 있다. 하지만 그렇다 하더라도 우리가 형이상적인 존재가 아닌 한, 객체적인 우리들에게 대항할 뿐이다. 실질적인 주체와는 달리 단순히 관념적 주체에 지나지 않는 것이라도 형이상적인 것은 언제나 그 존재를 넘어 우리들에게 대항하는 것이어야만 한다. 우리가 만든 이상도, 현실에서 우리를 움직이는 주체로 생각할 경우 우리는 더 이상 나 자신이 될 수 없다. 또한 현실에서 결과의 첫번째 원인으로 우리들을 주체로 생각하지만 우리들 자신은 그 주된 원인인 주체가 아니다.

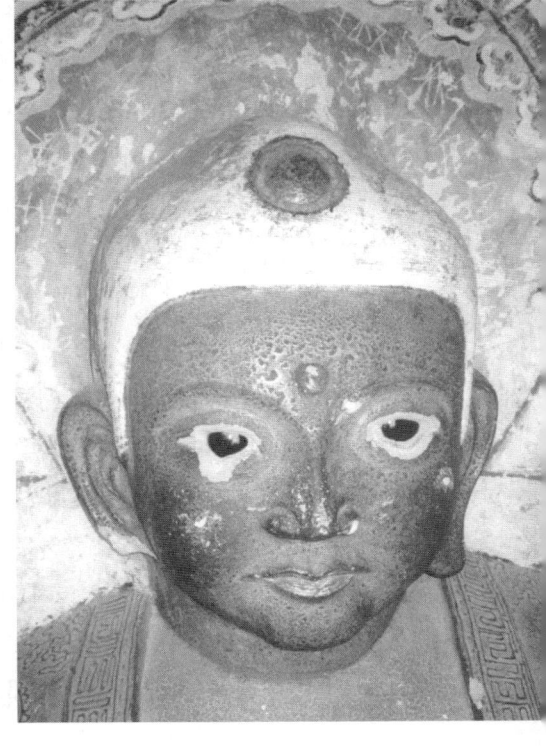

종교의 신은 통상 형이상학으로서 형이상적인 것과 같이 볼 수 없으며 인간을 초월한 존재로 형이상적이라 해도 절대로 그 차이를 나타낼 수 없다. 그래도 신을 믿는 사람에 따라서 내가 살아가는 것이 아니라 신이 내 안에서 살아간다고 믿는 것과 같이 자신의 생명을 주체로 하여, 형이상적인 것보다는 신자 스스로가 더욱 긴밀한 관계를 맺어오는 것이다. 그러므로 신자에 따라서는 그 신자를 대하는 존재가 신자와 신 자신이 될 수는 없다.

이렇듯 형이상적인 것을 주체적으로 생각할 경우, 또한 동양적 관점에서 벗어나 우리와 같은 입장에서 볼 때 서양의 형이상적인 것과 성격이 같음이 있음을 이해할 수 있게 된다. 이는 현실의 '있다'는 입장에서 사고하지 않는 것을 말한다. 여기서 형이상적인 현실에 '있다'는 입장 이외 현실을 초월하는 것이다. 형이상적인 것을 부정하고 현실에 '있다'고 하는 자신조차 초월한다는 사람이 있을지 모르겠다.

하지만 그 사람이 현실에서 자신의 존재를 초월하지 않는 이상 엄연히 현실에 '있다'는 것의 입장으로부터 그렇게 말하는 것에 불과하다. 그것이 있으므로 현실에 아무리 '있다'는 입장을 초월한다고 말해도 그것은 꿈속에서 꿈이 '있다'고 외치는 것에 지나지 않는다. 하지만 우리는 진정 현실에 '있다'는 입장을 초월할 수 있는가!

서양에서는 그러한 일이 일어날 확률이 거의 없다. 현실에 있는 것은 전술한 것을 토대로 하여 초월한 적이 없다. 그들은 모든 사물에 대한 입장으로 현실에 있는 것, 또는 자각에 그 근본을 둔다. 서양에서는 고정된 현실이 있다고 생각하는 입장이므로 현실에 있는 모든 것은 초월적인 것으로 그들의 학문에도 잘 나타나고 있다.

서양 문화는 '있다'의 세계에서 '있다'의 문화로 근본적인 의미가 고정되었다. 서양 철학도 형이상학도 현실에 있다는 것의 근본 제약에서 벗어날 수 없다. 따라서 서양에서는 현실 밖의 있는 것을 알지 못하는 것이다.

요컨대 서양에서 인식하지 못한 것을 동양에서는 인식하고 알아서, 문화와 학문이 형성되었으며, 그를 기준으로 하는 것에 동서양의 기본 입장이 다르게 나타나는 것이다.

그러므로 전술한 바와 같이 동양에 존재하는 모든 문화가 한결같이 서양에 맞추어 기준으로 삼는 것이 아니라 오직 동양적인 것, 그에 기준한 문화, 그것이 아니고는 얻을 수 없는 문화, 그러한 종교, 철학, 도덕, 예술의 크나큰 문화가 있고, 또한 서양과 다른 성격을 나타내므로 그것을 동양적이라 칭하는 것이다.

곧 동양은 서양의 생각을 초월한 입장에 있고, 그것으로부터 서양에 없는 독특한 문화가 있으므로 이를 동양적이라 일컫는 것이다.

동양 철학에서 현실에 있다는 것이 있는 것을 벗어나지 못할 경우, 서양 철학과 같이 '있다'의 입장을 벗어나지 못한다. 그러나 '있다'의 경우에 문화는 서양의 분석적이며 복잡한 사상과는 도저히 비교가 안 된다. 철학에서도, 서양과 같은 입장에 있으면 설사 서양보다 월등하다고 생각되는 사상을 혹여 동양에서 찾아낸다 해도 그것은 서양적인 것의 연장이며 서양사상의 확장에 불과하여 서양적인 것과 구별할 필요가 없다.

　　동양 철학은 서양의 입장과 다른 관점에서 발달해 온 까닭에 독자성〔獨自性 : 신(神)·불(佛)·본체(本體)를 하나로 하다〕이 있다. 이를테면 우리가, 동양 철학이라고 칭하는 것이 서양의 입장에서 볼 때 그 연장선상에서 월등한 것이 있어도, 그것은 우연적인 것이기에 본질적인 것은 아니다. 동양 철학을 서양 철학의 연장선상에서 이해하려 든다면 그 진정한 차이를 알 수 없다.

　　동양에는 서양 철학이 범접하지 못한 이질적인 것이 있어서 그 입장에 철학을 세우려 하는 것에 동양의 본질이 있다. 이렇게 본질부터 서양과 다른 파악 혹은 다른 존재로부터 출발하는 연고로 서양 철학의 입장에서는 도저히 이해가 불가능하다. 어찌면 서양 철학이 입장을 바꾼다면 이해의 길이 열릴 수 있을지도 모른다.

동양 문화는 비단 철학만이 아니라 우리의 현실에 존재하는 것이 없어짐에 의해 내면·근본적으로 이해되는 것이다. 이 입장 전환은 '있다'가 없는 것이 되므로 이를 '없다'라 하고, 특히
동양적무라 하면 전술한 바와 같이 현실에 있는 것의 계기로 인한 없다도 아니고, '있다'의 입장으로부터 생각하는 일체의 없다도 아니다.

그리고 신에 대해 인간은 '없다' 하는 '없다'도 아니다. '동양적무'는 현실에 '있다'는 것의 범주에 들어갈 수 없는 것으로 일체에 있는 것, 또는 '있다'의 입장으로부터 형이상적인 것도 아니므로 '있다'고 하는 자신을 부정하고 초월한 형이상적이 되는 것이다. 하지만 이 경우 형이상적인 입장은
어디까지나 '있다'의 입장에서 벗어나거나 초월한다는 생각을 갖는 것만은 아니다. 실제로 '있다'는 입장에서 벗어나 '있다'를 초월한 '없다'에 속한 '있다'도 아니며 '있다' 속에 속한 '없다'도 아니다.

따라서 형이상적이 되는 것도 없어 아주 작은 모순도 끊어지는 것이므로, 주체적이면서 현존적이 되는 것이다. 전술한 바와 같이 보통 형이상적인 것은 주체적이라 말하는 경우에도 고정적 의미로서 주체적이 아닌 객체적인 것이다. 여기서 말하는 형이상적인 것은 보통 형이상적이라 일컫는 것과는 근본적으로 다르다. 여기에서는 현실에 있는 것이 주체로서 현존하는 것이 아니라 형이상적인 것이 주체로서

현존하는 것이다. 그러나 주체로 현존하는 것이라 해도 무엇인가의 객체에 대한 주체도 아니며 또는 시간적 현존도 아니다.

주체는 상대를 끊는 주체로 현존은 영원한 현존이다.

따라서 형이상적이라 해도 그것에는 형이상적인 것과 현실적으로 '있다'는 것의 상대는 없는 것이다. 요컨대 법계일상(法界一相 : 우주 법계가 하나의 모양)이라 말하는 바가 그것이다.

그러므로 서양의 형이상학에서 형이상적인 것과도 다르고 또한 그리스도교의 형이상적인 것과도 달라 동양의 독특한 이 형이상적인 것을 '동양적 형이상적인 것'이라 하는 것이다.

진공(眞空), 열반, 신심탈락(身心脫落)이라 일컫는 것이 '동양적 형이상적이다. '동양적무'라 칭하는 것이 단순히 '없다'라 말하는 것이 아닌 것과 같이, 진공이라 해도 단순히 비었다고 하는 것이 아님은 말할 필요도 없다.

실상(實相)이라 해도 좋고, 진여(眞如), 제일의제(第一義諦)라 해도 현실에 '있다'는 것의 자신의 구체적 모습도 아닐 뿐만 아니라 서양의 형이상학에서 실재도 제일 원리도 아니어서 오히려 그로부터 전체적 부정을 전제로 한다.

위기신학에서는 인간을 절대적으로 부정한다. 그렇게 절대 부정한 인간에 대해 신은 초월적이지만 부처나 법신 등은 단순한 초월이 아니고 초월의 현존이라 할 수 있는 주체적인 존재이다.

부처는 현실에 '있다'고 할 수 없는 우리들, 곧 '동양적 형이상적이 되는 것' 이외에는 인정하지 않는다. 하지만 현실에 '있다'고 할 수 없는 우리들에 의해서 현존하는 것이다. 시간적으로는 미래에 있고 공간적으로는 다른 땅에 있어, 말하자면 현재 이 땅에 있다고 해도 대상적인 부처란 참 부처는 아니다. 부처는 위기신학에서 말하는 신과 같이 절대 타자적(絶對他者的)이 아니다. 현실에 '있다'는 것으로 미루어 보아 절대 타자적이 되지만 절대 타자적은 부처의 궁극적 목적은 아니다. 현실적 자기와 같지는 않지만 주체적인 면에 있어서 부처는 오히려 절대 자자적(絶對自者的)이라 할 수 있다. 예컨대 부처가 자성, 참나, 부모에게 태어나기 전의 본래 모습, 참불(자기가 불이라고 하는 뜻) 등이 그것이다. 이같이 '동양의 형이상적이 되는 것'은
현실에 '있다'는 것을 초월하는 계기도 아니다. 그러면서 현실에 '있다'는 것의 모든 전제조건 하에서 그 한계를 넘어선 것으로서, 현실로부터 추측할 수 있는 것도 못 되면서 현실에 '있다'가 된다. 그래서 자신을 부정하는 것을 전제로 하는 현실이므로 그 지식에 지배당하는 것이 아니다. 따라서 동양에서는 우리가 현실에 '있다'고 할 수 없는 특수한 상황이 성립되는 것이다.

    요컨대 멸도(滅度)·멈춤[止]·크게 죽음[大死]·정려(靜慮)·공부(工夫)·삼매·좌선 등은 그 방법에 지나지 않는다. 멸도·멈춤·크게 죽음 등은 단순한 논리적 부정이나 죽음도 아니면서
우리의 현실에 '있다'고 하는 관념을 없애는 방법이다. 정려, 공부, 좌선도 논리적으로는 사유라 칭한다.

    하지만 이는 도덕적 행위도 아닐 뿐만 아니라 오히려 사유나 행위의 주체인 현실에 있는 것의 자체를 '없음'으로 전환하는 방법이 된다.

    이는 현실에 '있다'는 것의 주체로 일체의 사유나 행위를 단절하는 것이다. 사유나 행위는 오히려 '있다'는 갈등을 해결하는 것이 아니라 속박하는 것이 된다.

    이외 『기신론(起信論)』에는, 그침을 닦기 위해서는 "보고 듣고 생각하고 아는 것에 의지하지 않고, 일체의 모든 생각도 생각에 좇아가는 모든 것을 제하고, 또한 제했다는 생각도 없앤다"라고 전한다.

범부는, 나에게 '있다'는 것을 가지고 혜안을 가리기 때문에 실제를 볼 수 없지만, 성인은 나에게 '있다'는 것이 없기에 모든 번뇌를 멸하고, 모든 법의 실다운 모양을 본다

라는
『중론(中論)』의 기록은 현실적으로 '있다'는 것을 근본에서 뽑아내고 차단하여 일체의 법이 비었으므로 뒤집어엎는 것을 의미한다.

황벽의 말에 귀 기울여 보자. 그는
"마음과 몸이 함께 없는 것, 이를 대도라 이름한다"
라고 했다. 그리고 여정(如淨)은 "참선은 마음과 몸이 탈락하여 향 올리고, 예배하고, 염불, 참회, 수행, 간경도 쓰지 않고 오직 앉을 뿐이다"라고까지 했다.

도원의 『지관타좌(只管打坐)』에는, 그가 "모든 인연은 놓아 만사를 쉬고, 선과 악을 생각지 않으며, 옳고 그름에 상관하지 않아 마음과 의식의 운전을 정지하여 사량분별을 그친다"라고 기록하는 것같이, 사람은 사유나 행위도 아니고 회광반조(廻光返照)하여 신심탈락하지 않으면 안 된다.

참으로 앉는 것은 사람의 몸뚱이가 앉는 것도 아니고 마음이 앉는 것도 아니다. 사람이라는 생각에서 벗어나 앉아야만 한다. 여정의 말처럼, 신심탈락(身心脫落) 이외 좌선은 없고 탈락한 곳에 앉는 것이 곧 부처이므로, 부처에 앉음이 없이는 참 앉음은 없고, 앉는 게 부처가 아니고는 참으로 앉는 사람은 없다.

이것이 오직 부처와 더불어 부처가 되는 것이다.

"불법이란 사람이 안다는 곳에는 없다. 그래서 예로부터 범부

로서는 불법을 깨칠 수 없다"
라 말하는 뜻이 그것이다.

부처는 알거나 이해하는 것과 같은 지식이 아니다. 부처는 내가 만드는 것이다. 부처를 내가 만들지 않으면 깨침도 없고, 부처를 이루는 견성도 없다. 안다는 것은 인식의 대상에 의해서 아는 것이므로 부처라 할 수 없다. 사유나 사색으로부터 알아 부처가 될 수는 없다. 부처란 생각하는 것과 생각하는 대상 둘 다 없어져야만 한다.

황벽도 "마음과 경계의 둘을 다 잊으면 곧 바른 법이다"라 했다.

32상 80종호 또한 하나의 경계로써 허망함을 벗어날 수 없다. 그래서
"만약 바른 깨침이 눈앞에 나타나면, 비어 있는 것같이 모두 고요히 멸(滅)하여 밖으로는 티끌도 없고 안으로는 안다는 생각도 없다"
라 말한다.

대상으로 지식을 얻은 부처는 부처가 아니다. 부처는 대상이 없으므로 태어남이 없고, 아는 것이 없으므로 모양이 없다.

이와 같이 부처를 아는 방법은
서양의 형이상학과 같은 사유나 이성, 추론과 서양적 직관도 아니다. 또는 그리스도교와 같은 신앙도 아니다. 동양적 형이상적인 성격이 되어야 한다.

고대 그리스로부터 사유나 이성이 중복되는 것은, 서양적 형이상적이 되므로 마침내 사유적·이성적으로 흐른다.

　동양에서는 사유를 가볍게 취급할 뿐만 아니라 진리의 방해물로 여긴다. 형이상적인 것은 사유가 아니기 때문이다. 동양에서 사유가 발달하지 않았던 까닭은, 동양적 형이상적이 되는 것에 대한 사유의 무력함 때문이었다.
　이는 결코 우연이 아니다. 동양에서 사유를 경시한 까닭은 사람의 마음이 미개하거나 단순한 오인에서가 아니다. 이보다는 오히려 사유에 대한 근본적 비판에 의한 것이라 할 수 있다.
　사유는 '있다'의 근본 성격에 기준을 두고 벗어나지 않기 때문에 비합리주의적이다.
　사유하기 전의 새로운 상태인 '있다'로 사유의 새로운 양상을 나타내나, 합리주의적 사유인 '있다' 이전의 새로운 형상에 의해 '있다'로서 다시 끌어내려는 것과 같이 항상 '있다'와 공존한다. 사유가 '있다'

제2장_ 동양적으로 형이상적이 되는 것　35

에 존속하는 한 '있다'는 필연적으로 사유 없이는 존속할 수 없다. 사유는 '있다'로부터 독립한 자유로운 '있다'를 비판 지도하면서 항상 '있다'로부터 경험되는 것이다.

사유가 '있다'를 비판 지도한다 해도, 본래 '있다'의 근본 성격에 내재하는 것이므로 '있다' 자체를 비판하는 것이 못된다. 예컨대 칼이 칼 스스로를 자를 수 없는 것과 같다. '있다'는 사유에 의한 것이므로 '있다' 자체의 절대 위기(絶對危機)는 사유로서 구원받지 못한다.

'있다'는 항상 여러 위기를 맞이하지만 이는 오히려 '있다'의 존립을 의미한다. 위기 없는 '있다'는 '있다'가 아니다. 그런 반면 절대 위기가 아닌 곳에 '있다'를 '있다'고 하는 위기가 있다.

여기서 위기는 '있다'에 의한 위기이면서 오히려 '있다'를 존속시키는 것이다.

요컨대 '있다'는 존속하면서 위기에 임하는 것이다. 말하자면 전술한 바와 같이 '있다'는 '있다'이면서 '없다'이고, '없다'이면서 '있다'인 것이다. '있다'는 어디까지나 '있다'이지만, 그러기 위해서는 그것이 항상 '없다'가 되어야만 한다고 하는 전제조건에 의한 '있다'의 근본 성격이다. 그런데 우리는 현실적으로 '있다'라는 것에서 벗어나지 못하고 있다.

사람은 '있다'라는 것 자체의 근원을 캐내서 비판하지 않으면 안 된다. 일반적인 비판은 '있다'의 입장에 '있다'의 특수한 상태를 비판하는 것에 지나지 않다.

'있다' 자체의 비판은, '있다' 자체의 절대 위기에서 시작된 것이다. '있다' 자체의 절대 위기는 '있다'에 의한 '있다'와 '없다'의 절대 긴장에 있어서의 만남이다.

  이는 추상적이 아닌 참으로 구체적이며 순수한 '있다'가 되는 것이다. 그와 동시에
'있다'는 '있다'일 수 없는 절대 '없다'에 직면하는 '있다'가 되고, 절대 죽음에 직면하는 '있다'가 되는 것이다.

  우리가 생각하는 절대 긴장을 절대 모순이라 할 수도 있다. 그런데 저자는 이 절대 모순을 단순히 논리로써 간략히 모순이라 일컫는다. 하지만 실질적으로는 논리적이 아니고 전체적이기 때문에 절대 딜레마이면서 절대 고민이라 할 수 있다. 일반적인 모순은 모순인 동시에 아니기도 하고, 일반적인 딜레마는 딜레마인 동시에 아니기도 하며, 고민인 동시에 고민이 아니기도 하다.

  모순, 딜레마, 고민도 절대 긴장에 의해서 최초로 순수해진다.

  절대 긴장에서 절대 모순은 단순한 논리여서는 안 되는 동시에 의지적이며, 감정적이어야 한다. 절대 긴장이란 '있다'가 단순히 우연히 이루어진 것이 아니기 때문에 '있다'의 근본 성격에 스며드는 필연적인 깊은 심연인 것이다.

  따라서 '있다'는 '있다' 자체 내에 이미 '있다'로써 있을 수 없는 필연의 운명이 숨겨져 있음을 알아야만 한다.

  여기에 '있다'가 '있다' 자체를 해체하여 '있다'이어야만 하는 근본 이유가 있는 것이다.

  동양적 형이상적이 되는 것의 통로는 '있다'가 숨겨져 있는 계기에 지나지 않는다. 그러므로 동양적 형이상적이 되는 것은 '있다' 자체의 깊은 비판에 준하여 '있다' 자체를 해체하는 의미가 있는 것이다.

'있다'가 '있다' 자체를 해체하여 '있다'가 아닌 것, 즉 '없다'가 되는 것이 동양의 근본 방향이다.

동양적인 것이 현실과는 멀리 떨어져 있는 것 같으면서 종교적(영원 불멸)이 되는 것은 이런 이유에서이다. 하지만 그렇다 해도, 이는 '있다'에서 '없다'로 방향을 바꾸는 것에 지나지 않는다. 그렇기 때문에 '없다'는 있고 없음을 끊어 놓고 죽음이 없게 된다. 따라서 홀로 벗어나 의지할 곳 없는 자유로운 성품임을 잊어서는 안 된다. '있다'로부터 멀리 떨어져 있다 해도 '있다'로부터 벗어나 '있다'의 밖으로 나가는 것이 아니다.

이는 '있다'의 해체에 의해서 있는 것이 없는 것이 되기 때문에, 흡사 죽은 후에 다시 살아나는 것과 같이 오히려 적극적이다.

'있다'가 없어지는 것은, 일체의 한정과 모순에서 벗어나 자유의 몸이 되는 것이다.

막힘도 없고 걸림도 없이 크게 쓰는 그릇이 눈앞에 있다. 모양을 없이하여 일체의 모양을 나타내고, 일체의 모양을 나타내면서 한 모양에도 머물지 않는다. 말하자면 응무소주이생기심(應無所住而生其心: 참은 머무르는 곳이 없이 그 마음이 나온다)인 것이다.

여기에 '있다'의 입장이 일체의 행위와 근본적으로 다른 불변〔무루(無漏)〕의 큰 행이 있는 것이다.

우리는 『임제록(臨濟錄)』에서 자유자재한 본성의 진리의 전형을 살펴볼 수 있다. 더구나 『임제록(臨濟錄)』은 모양도 없으면서 엄청나게 커서 곁눈질하지 않아도 되는 뛰어난 조사록 가운데 으뜸인 만큼 그것만큼 훤칠한 것도 없다.

따라서 멀리 벗어난다 해도 전부 숨을 멈춘다거나 죽어 멸한다거나 은둔함이 없어서, 현실적인 '있다'의 근본 비판에 의해 그 '있다'를 해체하고, 새로운 생명을 얻으므로 '있다'보다도 더 심원한 것이 아니면 안 되는 것이다.

제 3 장

법계 연기론(法界緣起論)

1. 개인이란

　세계의 불교 구조는 우주의 근본 구조 그대로이다. 사실 불교 구조라 하지만 단순히 주관적이 아니라 객관적으로 본 세계로 진실한 세계의 구조이다. 이렇듯 진실한 구조가 진실한 세계이면서 불교적 세계가 되며, 법계라 일컫는 것이다. 이 세계를 벗어난 불교적 세계는 없다.
　불교는 세계 구조와 일치한다. 따라서 불교적·주관적 세계는 보편적 세계 구조와 일치하기 때문에 특별히 불교의 주관성을 세계 실상과 분리시켜 따로 말할 필요는 없다.
　다만 세계의 진실을 근본적이고 객관적으로 고찰하는 안목의 성숙을 통해 세계, 말하자면 법계를 관찰할 필요가 있다.

요컨대 보편 타당한 합리적·이성적 판단의 토대 위에 불교는 존재하는 것이다. 그런 탓에 오늘날의 세계관도 더욱 깊이 통찰하지 않으면 안 된다. 이는 같은 직선상에 놓고 깊이 통찰하는 것이 아니다. 세계관을 뒤집어 놓고 보았을 때 처음으로 성립한 것을 진실한 세계관으로 삼음을 뜻한다. 이렇게 하지 않으면 소박한 중생의 세계관에 멈추고 말기 때문이다. 한편

개인은 공간과 시간의 교차점이라 할 수 있다.

세계가 나이고, 내가 그렇기 때문이다. 단순히 자연적 세계에서 개인은 이루어지지 못하며, 하나의 공간이나 시간만으로도 성립하지 못한다. 오로지

공간과 시간이 교차하는 지점에서만 성립이 가능하다.

이는 교차하는 지점만을 말하는 것이 아니다.

시간 속에서 움직이고 행동하는 것이 개인이기 때문이다.

또한

공간에서 움직이며 활동하지 않으면 안 된다. 이는 항상 공간과 연계하면서 시간 속에서 움직이는 것을 역사(변화)라 일컫기 때문이다.

이러한 기능이 있는 역사에서, 시간과 공간은 이원적으로 생각할 수 있다.

이원적인 시간과 공간 사이에 우리가 존재한다. 그런 의미에서 개인은 항상 시간과 공간에 의해 한정되며, 그런 한정을 받으면서 작용하고 있는 개체인 것이다.

한정을 받는다는 것은 한정하고 있는 것이 존재한다는 뜻이

다. 여기서 한정하는 것은 살아 있는 것을 의미한다.

보통의 시간이나 공간에서는 한정하는 작용이 없다. 시간과 공간이 개인을 한정하는 것은 시간이나 공간이 살아 있기 때문이다.

살아서 한정하는 것은 항상 어떤 의미를 가지며 개체와 연결이 되게끔 되어 있다. 개체와 관련되지 않고는 한정할 수 없기 때문이다. 개인을 한정하는 것은 개인에 대한 일반자(一般者=자기 절대 생명에의 주체)라 할 수 있다. 이때 절대 생명을 떠올리게 되는데, 일반자(一般者)인 절대 생명과 개인과의 관계는 한정하는 것과 한정 받는 것으로 구분된다. 일반자는 한정하는 것의 근원이 된다는 의미를 포함해서 생각할 수 있다. 만약 개인과 일반자가 별개라면 일반자의 자기 한정은 성립되지 않는다. 개인은 일반자가 되지 않으면 안 되기 때문이다. 일반자가 나를 한정하는 것에 의해서 처음으로 개인이 이루어지는 것이다.

이를 분석해 보면 일반적 시간이나 공간으로는 나를 한정할 수 없게 된다. 그렇다면 살아 있음의 시간이나 공간을 무엇이라 생각하면 좋을까?

살아온 시간이나 공간의 조건을 생각해 보면, 제일 먼저 모든 자연을 떠올리게 된다. 우리는 공간 전체와 함께 폭넓게 살아온 것이 된다. 하지만 단순히 공간 전체를 포함하며 살아 왔다는 것만으로는 움직이며 나아갈 수 없다.

따라서 거기에다 시간을 덧붙여야 한다. 이런 것을 구체적으로 생각한 것인가? 어디에서 보고 찾아낼 것인가?

제3장_ 법계 연기론(法界緣起論) 45

모든 시간을 자신이 감싸안아 자신이 되는 것, 이런 것이 자신의 주체가 되는 것이다.

우리는 모든 자연을 자기화하여 시간이나 공간의 조건을 만들며 살아간다. 공간과 시간 전체를 수용하고 표현하며 살아가는 것이다. 말하자면 시간과 공간을 이루며 시간과 공간의 주체로서 살아가는 것이다.

시간과 별다른 흐름은 없기에 시간을 나에 포함해야 한다. 그래서 모든 시간 속에 있으면서 항상 현재에 있지 않으면 안 된다.

어떠한 시간에서도 현재인 것이다. 절대로 과거가 아닌, 그러면서 미래 속에 포함되어 있는 것이다. 그것은 변하면서 변함이 없는 것이다. 끝남이 시작이고, 시작이 끝남이 되는 것이다. 따라서 어디가 시작이고 어디가 끝이라고 할 수 없다.

보통 시간을 과거, 현재, 미래라든가 시작과 끝, 다른 시간을 생각한다. 하지만 이것이 동시적 시간이라는 것을 일반적으로는 생각할 수 없다. 동시적 시간이란 보통의 시간과 다른 때의 시간적 근원이 된다. 시간의 헤아림은 변하는 것 속에 변함이 없는 것이 없으면 불가능하다. 시간의 헤아림을 정적이라 생각한다. 그러면서 그것은 공간이 있지 않으면 안 된다. 이는 단순한 공간과 시간을 헤아리는 것이 아니다.

하지만 시간을 헤아림은 단순한 공간이 아니면 안 된다. 이는 시간이 변함으로써 변하지 않는 것, 더구나 헤아림은 자신한테 시간을 포함하고 그 사이의 위치를 정하지 않으면 안 되기 때문이다. 어떠한 것을 예상하여 전제하지 않으면 시간을 헤아릴 수 없다.

시간 전체를 자신에 포함하여 살아온 것은, 영원한 생명이나 태어남도 없고 멸함도 없는 것이 된다.

태어남도 없고 멸함도 없음을 대개는 시간의 부정으로 생각한다. 그래서 시간이란 태어남과 멸함, 역사란 형성되어 멸함이라는 결론이 나온다. 그 이외에 태어남도 없고 멸함도 없음이란 시간의 부정과 역사의 부정이 된다.

불교에서 진여(眞如)를 태어남도 멸함도 없다 함은, 단순히 정(靜)적인, 말하자면 **태어남과 멸함이 없는 시간의 부정을 말하는 것이 아니다. 참으로 살아가는 것을 말하는 것이다. 태어남도 멸함도 없다 함은, 변하면서 변하지 않는 것을 말한다.**

그러한 행위가 되지 않으면 안 된다. 바꾸어 말하면 태어남과 멸함의 주체가 태어나고 멸하는 것이 되는 것이다. 이는 태어나고 멸함이 없는 시간이라 할 수 있다.

동시적 시간이란 이런 것이다.

동시적 시간이 자기 자신을 한정하고, 그것이 태어남도 멸함도 없는 삶 속에 다시 태어남의 부정이 되어 멸함이 나타나는 것이다. 태어남도 멸함도 없음은, 시간의 자기 한정이기에 진정한 역사적 주체가 된다. 태어나서 오고 멸해서 가는 것이 현재인 것이다. 태어나고 멸하는 것은 과거가 되고, 멸하여 태어나는 것은 미래가 된다.

구체적으로 말하면 태어나고 멸하는 것은 현재인 것이다. 즉 현재에 태어나고 멸하는 것이다.

여기서 현재란 단순히 시간의 추상적 현재가 아니다. 그런 현재가 사물을 생성시키고 멸함은 있을 수 없다. 생성과 멸함을 가능케 하는 시간은, 움직이는 행위의 시간, 항상 현재인 시간인 것이다. 현재는 살아 있다. 생명은 현재이다. 과거나 미래의 생명은 참 생명이 아니다. 동시적 시간이 참으로 살아가는 것이기 때문이다.

살아 있는 생명은 현재뿐이다.

일반적으로 창조란 과거이다. 그러므로 과거에 창조한 신은 지금은 없다고 간주한다. 시간 속의 과거에서 세계가 창조되어, 그 창조의 세계가 오늘날까지 이어지는 것이다. 신화도 같다. 그러나
불교에서의 창조는 항상 현재이다.

현재가 창조의 시간인 것이다. 일반적으로 회자되는 시간이란 것 자체가 창조하고 있음을 의미한다. 그것이 가능하려면 창조의 주체는 결코 과거가 될 수 없다.

시간은 현재에 발생해서 현재에 멸한다.

대개는 시간에서 일어나 멸함을 주체로 생각한다. 하지만 주체란 시간 속에 있다기보다는 시간이 주체 속에 있다 할 수 있다. 살아 있는 현재는 시간 속에서 형성된다. 나한테 내가 나오며 멸하는 것이다. 그것을 창조적 주체라 일컫는 것이다.

"지금이 개벽이다. 천지의 시작은 오늘을 시작으로 한다"는 말이 있다. 이는 재미있는 발상이다. 개벽이 지금이라 할 경우 지금은 현재를 말한다. 따라서 세계의 개벽은 몇 천년 전의 일이 아니다. 현재, **지금 이 순간이 곧 진정한 개벽인 것이다.**

지금까지 시간의 관점에서 역사(변화)의 주체를 살펴보았다. 하지만 단순히 시간만으로는 공간을 포함하지 못한다. 낳고 멸함을 공간과 관계없이 생각해 왔기 때문이다. 살아 있는 시간에 너비를 갖지 않으면 안 된다. 일반적으로 시간을 너비가 없는 직선으로 간주하고 있는데, 여기에 공간을 포함해야 한다. 시간 속에 포함된 공간은 단순한 공간이 아니다.

공간적으로 본다면 시간의 '현재'는 '여기'가 된다.

이는 일반적인 '여기'와는 사뭇 다르다.

'여기'는 공간 속에 한정된 것으로 공간 속의 한 점이다.

나라는 '여기'는 가는 곳마다 있으며 어디든지 '여기'가 된다. 이는 시간적으로 볼 때 언제나 현재이고 지금인 것과 같다.

'여기'는 공간 속의 어느 곳이 아니라 공간을 자신 속에 포함시킴을 의미한다. 그래서 일체처가 '여기'인 것이다.

흔히 공간에서 '여기'란 저기라는 상대적인 개념에 의해 결정된다. 그러나 불교에서 말하는 '여기'란 '여기'도 여기일 뿐만 아니라 '저기'도 여기이다.

　이러한 '여기'는 보통의 공간적 관념을 부정하지 않으면 안 된다. 이는 '방위가 없다'가 된다.

　요컨대 동서 남북이 없다. '여기'로부터 처음으로 동서가 정해진다. 동서의 결정은, 대개는 여기로부터 정해진다. 절대적으로 정하는 것이 없으며 상대적으로 정해진 것이다. 정해진 것은, 정해진 것에 의해 정해진다. 정하는 것은 도달한 곳의 '여기'이다. 대개 나라 한정하는 것도 그렇게 간주되고 있다. 동서 남북도 동서 남북이 아닌 것에 의해 한정된다. 공간도 공간이 아닌 것에 의해 한정된다. 이와 같이 시간도 시간이 아닌 것에 의해 한정되지 않으면 안 된다.

　말하자면 어디까지를 나라고 한정지을 것인가이다.

　없는 시간과 공간은 둘이 아닌 하나이다. 결국 '현재'나 '지금'도 '여기'에 하나가 되지 않으면 안 된다.

　공간적으로 나를 한정하면 반드시 시간적으로도 나를 한정하게 된다. 또한 이와 반대의 경우에도 마찬가지이다. 공간적 자기 한정과 시간적 자기 한정은 서로 떨어질 수 없다. '여기'란 '지금'이고 '지금'은 '여기'이기 때문이다. 세계를 말할 때도 공간적 세계와 시간적 세계를 구별할 수 없다. 시간과 공간을 나누어서 생각할 수 없다. 양자는 본래 하나이기 때문이다. 공간이 변한다고 말하는 경우도 있지만 실제로는 공간과 시간이 함께 변한다고 보는 것이 맞다.

　'여기'(공간적 장소)와 '지금'(흐르는 시간)은 하나이다.

언제나 있는 '지금', 어디든지 있는 '여기', 이는 시간적·공간적 세계의 근본 주체이다. '영원한 지금'이라 하는데, 영원과 지금은 서로 직결되는 관계이다. 지금은 영원에 포함되어 그에 접목되어 있는 것이라 생각한다. 하지만 '지금'은 이와 같은 영원의 지금이 아니다.

지금 내가 영원인 것이다.

모든 시간을 나에 포함시키는 것이 영원이고 지금인 것이다.

불교에서 말하는 영원은, 이러한 '지금'이 아니면 안 된다. '여기'는 동서도 방위도 없고 안과 밖도 없는 것이다. 이것이 진정한 무한대인 것이다.

무한이라 일컫는 것도 넓은 공간의 무한을 말하는 게 아니다. 그 자신에 포함되어 있으면서 방위가 없는 것이 무한대인 것이다. 무한과 영원은 동일하다. 결국 근본 주체의 추상화인 것이다. 요컨대 무한과 영원은 같은 것이다.

불교에서는 '부처'를 영원하며 무한하다고 여기며, 달리 '무량수'라 일컫기도 한다. 이는 시간이 없음을 의미한다. 셀 수 없는 시간의 길이를 말하는 것이 아니라 모든 시간에 포함된 것을 의미한다.

또한 '부처는 두루 있다'고도 말한다. 이는 부처를 공간적으로 보기에 '두루 있다'고 하는 것이다. 또한 '허공에 가득하다'고도 한다. 이는 공간적으로 말하는 것이며 시간적으로 '무량수'라 칭한다. 부처가 공간적으로 두루 있고 시간적으로 영원하다 함은, 시간과 공간이 부처에 포함된 것을 의미한다. 모든 시간과 공간을 나에 포함하므로 태어나고 죽음이 없음, 그것이 진정한 불교인 것이다. 즉 모든 공간과 시간을 스스로 한정하는 것이다. 이렇듯 시간과 공간은 부처 구조의 근본 형식이다. 일정한 공간이나 시간 속에 있는 불(佛)은 진정한 부처가 아니다. 어느 공간이나 시간에 있다 함은 부처의 자기 한정이다. 그렇기에 불교는 한정을 짓지 않는다.

 개인이란 부처를 시간적으로나 공간적으로 자신을 한정한다. 개인이 이를 깨닫지 못하고, 나를 주체로 생각하여 세계를 한정하고 부처를 한정한다면, 그것은 진실성을 상실한 개인이 되고 만다. 진실성을 상실한 개인은 중생이 되고 지말 주체(支末主體)가 된다. 이런 개인은 시간이나 공간에 의해 한정되어 그것에 있으며, 나고 죽는 주체가 된다.

 무명이란 개인이 자신의 근원을 망각하고 자신을 주체로 하는 것을 말한다.

그래서 관념적으로 자기 마음대로 생각하는 것이다. 이는 무지라기보다는 근본 주체가 되지 못한 지말 주체(支末主體)로 봐야 한다.

 지말 주체(支末主體)란 차별 차별이 벌어지면서 개개가 차별적으로 독립하며 주체를 이룬다. 그러면서 전체와 하나가 된다.

사과나무는 가지를 뻗고 꽃을 피운 후 열매를 맺는다. 이때 그 하나 하나의 열매는 본체인 사과나무와 둘이 아니다. 그러면서도 사과는 사과이고 나무는 나무인 것과 같은 원리이다. 요컨대 모든 것이 지·정·의로부터 나오는 주체이므로 무명인 것이다.

무명이 부서지면 지말 주체가 해체되어 근본 주체가 된다.

이는 자신의 본래 모습으로 돌아가는 것이다. 원리(遠離)나 왕상(往相)도 같다. 근본 주체에서 전체가 '지금'이고 '여기'인 것이다. 이를 진여(眞如)라 칭한다.

태어남도 없고 죽음도 없고 방위도 없으므로 진여라 하는 것이다.

세계 어느 곳에서도 태어남도 없고 죽음도 없고 방위도 없는 진리를 찾아볼 수 없다. 또한 이런 진리는 역사적이나 자연적 세계에도 없다. 하지만 역사적이나 자연적 세계의 뿌리가 된다. 이런 뿌리로 가는 것이

왕상(往相 : 안락 정토에 왕생하는 것)이다.

그 뿌리에 개인이 돌아가는 것이

환상(還相 : 정토에서 다시

중생 세계로 돌아와 중생들이 불도로 향하게 하는 것)이고 각래(却來)인 것이다.

　진정한 부처의 세계를 이루기 위해서는 왕상이 근본 조건이 된다. 모든 현실을 절대 부정하는 그것을 소탕문(掃蕩門 : 싹 쓸어버림)이라 칭하는 것이다. 또한 환상이란 절대 부정하는 모든 현실을 살리므로 건립문(建立門)이라 일컫는 것이다.

　건립문은 소탕문에 의해 성립된다. 대개 역사에는 소탕문이 없다. 현실에서 상대적 부정은 있지만 절대적 부정이 없기 때문이다. 또한 역사에는 개인이 주체이지만 부처의 세계에서는 근본 주체가, 주체가 된다. 이것이 바른 생각의 상속(相續)이다. 이는 무념(無念)이며 무심이다.

　보통 상속이라 함은 업(業)을 말한다. 따라서 소탕문을 거치지 않은 행위는 모두가 업(業)인 것이다.

　환상(還相)에서도 행위가 나오지만, 그것은 업(業)이 아니고 보살의 큰 행(行)이다. 그것에는 행위하면서 행위하지 않는 것이 있다. 생(生)하고 멸(滅)하면서 생멸(生滅)이 없는, 말하자면 태어남도 없고 죽음도 없이 생(生)하고 멸(滅)한다. 바른 생각의 상속은 진여가 주체이므로 이것이 성립된다. 상속이라 일컫지만 대개는 연속적(連續的)이거나 비연속적(非連續的)이다. 참 연속은 진여가 주체이며, 환상행(還相行)은 비연속의 연속이 된다. 그래서 왕환(往還)의 주체는 근본 주체가 아니면 안 된다. 미타란 바로 이러한 것이다.

　정토진종(淨土眞宗)에서 말하는 미타는 이와 다르다. 죽고 나서 부처의 세계에 간다고 하는 것은 진실이 아니다. 전체적으로 볼 때 부처에 이런 것은 없다. 현재의 왕상이 그대로 죽는 것은 현실의 부정이다.

부처는 먼 곳에 존재하지 않는다. 역사의 근본 주체가 부처인 것이다. 그곳에서 나와 그곳으로 가고, 그곳으로 가서 그곳에서 나온다. 또한 나오는 것도 가는 것도 자신으로, 그와 같은 왕상・환상으로 인해 처음으로 불교의 왕상・환상이 이루어진다.

왕상은 주체가 꼭 근본 주체이어야만 한다.

시간과 공간에 한정되는 주체는 근본 주체가 아니다.

그것에 멈추면 환상이란 없다. 왕상과 환상에 의해 처음으로 역사와 종교, 좀더 확실히 말하면 역사와 불교의 연결이 가능하다. 불교와 역사는 법계와 하나로 이어지므로 일여적(一如的)이 된다.

2. 세계와 주체

불교는 세계를 자기 주체로 하는 데 한층 더 특징지을 수 있다. 여기서의 주체는 일반적인 시간이나 공간이 아닌, 자신에 포함된 시간과 공간의 근원, 즉 원형이 된다. 그러나 그것은 살아 있는 주체이어야만 한다. 살아서 자신을 깨닫게 하는 마음이 되어야 한다.

『대승기신론(大乘起信論)』을 보면 진여를 '오직 이 한마음'이나 '심진여문(心眞如門)'이라 기록하고 있다. 살아서 스스로 깨치면 마음이 하나로, 오직 한마음뿐이다. 시간과 공간에 위치한 우리 마음은 그와 달리 시간과 공간을 포함하지 않는다.

불교에서 말하는 마음이란 시간과 공간을 포함한 것으로 나를 깨치는 것이다.

깨침은 행위와 별개인 단순한 깨침이 아닌, 깨침과 움직임이 하나가 되는 깨침이다. 따라서 행위 자체가 깨침이 된다. 그래야만 하나의 근본 주체가 된다. 진여가 근본체라 함은 이러한 행위 주체를 의미한다. 근본체는 주체적인 것으로 물질적·자연적인 실재가 아니다.

    불교에서의 '마음'이란 마음이 근본체로 한 행위이며 실재이다. 우리의 마음이나 관념은 실재성을 가지지 않지만, 여기서 말하는 마음은 관념이 아닌 실재의 의미를 갖는다. '근본체'가 그것을 나타낸다. 그러나 그 실재도 보통의 실재와 같이 시간이나 공간에 한정되지 않는다. 오히려 물자체(物自體, Ding an sich : 인간의 의식 밖에 인간의 인식과 독립해서 존재하며, 지각과 사유를 통해 인식에 주어지는 방식과는 구별되는 그 자체로서의 사물 또는 객관적 실재)의 의미를 가지며 실재한다. 따라서

불교에서 말하는 마음이란 단순히 관념적이 아닌 실재적이다. 시간과 공간에 규정되는 것이 아니다. 시간과 공간을 자신에 포함하는 것이다.

    물건을 규정지을 때에는 시간이나 공간에 한정된다. 자신이 속한

개체의 물질, 역사적 주체, 시간과 공간에서 행위하는 것도 포함시켜 자신을 한정하는 것이다. 칸트처럼 이원적이 아니다. 물자체(物自體, Ding an sich) 그리고 현상계와 하나가 된 것이다. 물자체(物自體)가 나를 깨치면서 실재의 나를 깨치게 하는 것이다. 그 깨침이 의식 일반의 기준이 되어 있다. 칸트의 의식 일반은 오히려 추상적이다. 추상적인 면이, 실제와 현상과 분리되어 이원적으로 보고 있는 것이다. 하지만 실은 하나이다. 그것은 진여를 철저히 파악하지 못한 결과이다. 불교에서도 이원적으로 생각할 때가 있지만 근원을 궁극하지 못한 소치이다.

법계란 본래 하나로 두 개가 될 수 없다. 중생이나 범부의 입장에서는 하나의 법계는 불가사의해서 저 세계와는 거리가 있다. 따라서 근본 주체에 환원하지 않는 한, 하나의 법계는 없다. 그렇기에 불교에서는 하나의 법계에 도달하는 것을 목표로 한다.

지말 주체(支末主體)에서는 부처와 범부(凡夫)가 하나임을 말하지 않는다. 중생(衆生)과 부처가 같지 않다 함은 가상적인 것이다. 중생과 부처가 하나이며, 이들이 그래야만 참이다. 이를 이상이나 관념적으로 생각하면 불교를 이해할 수 없다. 여기에서 불교의 특성이 잘 나타난다. 그리고 이것이 현재와 현상이 서로 직결된다고 생각하는 철학과 다른 점이기도 하다.

법계에서는 중생(衆生)과 부처가 평등하다. 법계란 진여의 세계이고 진여란 주체이다. 나 자신이 진여인 것이다. 이는 체험인데 보통의 체험이 아니라 불교의 근본 체험이다.

오직 불(佛)과 함께 하는 부처란 여러모로 이해가 되지만 법계에서 근본 체험이란 오직 불(佛)과 함께 하는 부처이다.

따라서 진여 이외에 나란 없다. 내가 진여이며 진여가 나인 근본 체험이다.

보통 내가 진여이면 야호선(野狐禪)으로 망상이다.

그렇기에 내가 참 진여임이 체험 없이는 불교가 성립하지 못한다는 의미이다.

어떠한 종파도 이로부터 출발하지 않으면 안 된다. 불(佛)과 함께 한 부처는 개인을 해체하여 자신의 본원에 환원한 나이다. 중생(衆生)과 부처가 둘이 아니라 부처와 범부(凡夫)가 일체가 된 부처를 말한다. 내가 부처라 함은 대상적인 부처가 아니다. 형상이 없는 인간, 허공을 몸뚱이로 하는 나이며, 근본 주체를 몸체로 하는 나인 것이다. 허공은 시간과 공간의 원형으로, 그것을 몸뚱이로 한다. 몸은 단순한 깨침이 아니다. 인류(sapiens)가 아니라 조작된 인간(faber)으로 그 몸체를 사용할 수 있으며 지적이다. 이때의 지(知)도 사용으로부터 분류되는 것이 아니다.

나의 근본 주체는 행위이다. 하지만 단순히 지적으로 행위하는 것이 아니다. 지(知)도 하나의 행위이다. 물건을 만들어 내는 모든 행위를 포함하여 용(用)이라 한다. 그 용(用)에 대해서 근본체라 일컫는 것은, 체(體)로서 체만이 있는 것이 아니라 체는 깨침에 의해서 용(用)이 되기 때문이다. 따라서 근본 주체가 쓰임의 체가 된다. 체로부터 벗어나 따로 쓰여짐이 있는 것이 아니다. 그래서 전체가 법신(法身)이 된다.

진여는 법신의 몸을 갖는다. 마음에 대한 몸이지만, 진여란 마

음과 몸을 합한 것이다.

마음의 몸이고, 법의 몸인 것이다. 이는 관념적이거나 유물론적이지도 않다. 법신은 마음과 몸이 하나이다. 마음과 몸이 서로 연결되는 것이 아니라 몸이 마음이고 마음이 몸인 것이다. 그래서 '심체(心體)'라 칭하기도 하고, '법신(法身)'이라 일컫기도 하는 것이다. 이는 한마음을 다르게 표현한 것에 지나지 않는다. 진여는 법신적(法身的)·심적(心的) 의미를 지닌다. 깨침이란 심적(心的) 의미로 단순한 깨침이 아니라 실재성을 갖는 몸체가 된다.

법신이란 이 세계 전체를 말한다.

하지만 보통 세계는 관념적으로, 서로 상대적으로 보기에 법신을 볼 수 없는 것이다. 이 세계를 나의 것으로 생각지 않고, 내가 그것의 한 부분을 차지하거나 객관적으로 생각하면 법신으로 보는 방법은 없다. 세계를 법신으로 보기 위해서는 나를 해체하여 본원으로 돌아가지 않으면 안 된다. 그렇지 않으면 불교의 열반은 이루어지지 않는다. 열반은 오직 불(佛)과 함께 부처의 체험이면서 진여의 세계이기 때문이다. 열반이 나이며 내가 열반으로, 현실의 이곳에서 스스로 깨닫지 않으면 안 된다.

열반에는 시간 개념이 없다.

열반을 미래의 저편에 있다고 하는 것은 이원적이다. 열반은 시간 개념이 없기 때문에 언제 열반에 들어간다 함은 맞지 않다.

나에게는 시간이 없다. 세계가, 시간이 없을 때에 열반은 항상 현재가 된다.

세계가 하나가 될 때 그게 열반이다. 불교에서는 이러한 열반을 궁극의 목표로 삼는다. 목표라 하면 그에 도달하지 않으면 안 되는 것이지만, 그것이 먼 미래에 있는 것이라 생각하면 이상주의가 된다. 현재가 열반이다.

열반은 현재에 나타나는 것이 진실한 세계이다. 그것을 알고 모름에 무명의 어리석음이 나타난다.

열반은 현재 성취되어 있다. 그러나 열반 성취는 흔히 생각하는 것과 달리 성취 없는 것이 성취되는 것이다. 정토종에서 말하는 미타의 원도 성취 없는 곳에서 성취를 이루는 것이다.

바람〔願〕의 시작은 그 끝남과 함께 하지 않으면 성취라 할 수 없다.

보통 헤겔의 이데아〔이념〕를 역사적 과정으로 보지만, 불교적은 아니다. 현재의 진실한 모양이 바람의 성취이다. 열반이 진실한 모양이다. 현재가 열반의 세계이고 법계이다. 부처의 열반도 지금 이 세계의 열반과 다르지 않다. 미륵의 열반, 결국 미래는 현재이다. 이 세계 이외에 열반은 없다. 물론 현실 세계에서는 이를 그대로 열반으로 볼 수 없다. 부처가 되겠다는 것은 신화적으로 보지만, 그 바람의 제일은 법신이 되는 것이다.

모든 차별은 법계를 기준으로 하여 생각해야 한다.

불교에서는 법계를 거울에 비유한다. 모든 차별을 거울에 비춘 모양이라고 생각한다. 하지만 이러한 방법으로 정적(靜的)이나 지적(知的)으로 법계를 취하게 되면 불교를 올바르게 보지 못한다. 차별을 거울에 비춘다 함은 식(識)이다. 거울과 식(識)을 구별하지만, 이 둘은 하나가 되지 않으면 안 된다. 이를 불교에서는 대원경지(大圓鏡智)라

칭하는데, 이것만으로 근본 주체를 나타낼 수 없다. 보통 '비춘다'란 다른 물건에 그림자를 나타낸다는 뜻이다. 거울이 자기 밖의 것을 비추어서 그것을 받아들인다고 말하면 생각 없는 꼭두각시가 된다. 그렇게 소박한 방법보다는 적어도 칸트의 의식 일반 정도는 염두에 두어야 한다. 대원경지를 비판해 보자. 비춘다고 할 때 비추는 것이 밖으로부터 비추는 것을 취해서 넣는 것이 아니고, 안도 밖도 없이 비추지 않으면 안 된다. 그와 같이 되면 칸트처럼 이원적인 생각이 아닌, 일원적인 생각이 된다.

하지만 그것도 정적(靜的)으로 보는 방법에 지나지 않는다. 비추어지는 것을 부정하기도 하고 긍정하기도 하는 것은, 이미 거울 같은

것은 생각지 않기 때문이다. 그것은 주체이다. 밖에 있는 것은 안으로부터 나온 것, 그것은 '있다'인 것이다. 그것을 부정하는 것은 '없다'이다.

중생(衆生)이 변해서 부처가 됨은 미타의 큰 활용이다.

현실의 법계가 미타이다. 용(用), 곧 행위하는 것과 행위가 이루어지도록 하는 것이 분류되므로, 보신(報身)과 응신(應身)으로 분류하는 것이다. 법신(法身)과 다른 몸이 있다고 생각하는 것은 첫 번째 이유가 아니다. 법신은 미타, 미타가 법신이다. 법신으로서의 미타는 세계를 법계로 변화시키고, 세계도 스스로 자신의 것으로 변화시킨다. 법신의 세계에서 행위로 볼 때 그것이 미타이다. 정토도 지리적인 위치의 서방 어느 곳을 생각할 필요가 없다. 근본 주체의 법신으로 생각하면 된다.

밖의 모든 것은 안으로부터 나온 것, 안으로부터 만들어진 것이다. 이는 오직 마음으로부터 만들어진 것으로 마음이 창조라 할 수 있다. 모든 것은 만들어지지 않는 것인데 만든다. 이 점이 창조와 다르다. 시간적이 아닌 것이 모든 시간적인 것을 만든다. 그런 의미에서 진여나 법신이 다이내믹한 양상을 띠게 된다. 거울에 비친 현상은 정적인 것으로 현재만이다. 과거의 모든 것에 구속됨이 없이 무진장한 차별의 세계를 만드는 창조는, 보통의 역사 창조와는 다르다.

역사 철학은 과거와 미래에 의해 현재가 구속되어 있다. 그러나 불교에서는 과거나 미래에 구속되지 않는, 시간적이 아닌 현재의 행위, 무애자재한 행동을 진정한 행위로 본다.

이는 무진장(다함이 없는 창고), 말하자면 모든 것을 안에 포함한 것으로 창고라 일컫는다. 이는 달리 여래장이라 불리기도 한다. 일체(一體)에서 일체(一切)가 나오고, 일체(一切)의 것이 그 자리에서 멸(滅)하면 그 몸체가 진여이고 여래장인 것이다. 따라서 여래장은 현실의 주체가 된다.

세계의 창조는 항상 현재이다.

법계를 신화로 말할 수는 있어도, 그것이 과거에 있었던 신화는 아니다. 무진장으로 생성해 내면서 그에 의해서 더럽혀지지 않는 것, 하나의 물건도 움직임이 없이 모든 것을 움직이는 것, 그것이 여래장이다. 이를 주체로 하는 것이 진정한 역사이다. 오늘날의 역사는 이렇게 시간이 없는 주체를 인정하지 않는다. 더욱이 종교는 역사를 초월하고, 그것에 관계할 수가 없다. 불교야말로 그와 같다. 오늘날 역사의 주체가 되는 것이 불교적 주체는 아니다. 오늘날의 역사는 오직 생사 윤회의 세계로밖엔 보지 않는다.

『교행신증(教行信證)』을 살펴보면 "체여(體如)로 하여 행하면, 즉 이것은 행이 아니다"라는 기록이 있다. 체여(體如)란 여(如)가 되는 체(體)이며 진여를 체라 하는 것이다. 체(體)와 여(如), 여와 체를 나누어서 생각지 않으면 안 된다.

'여(如)'란 불변 부동의 뜻이고, '체(體)'란 실재적 불변이다.

체가 여가 된 것은, 행하면서 행함이 없는, 행하지 않으면서 행하는, 더러움에 들어가면서 더러움에 물들지 않는 것이 된다. 일반적으로 말하는 주체나 체는 여(如)라 하는 것이 없다. 그리고
"하나의 불국토에 있으면서 몸을 움직임 없이 시방에 두루 한다"
라는 기록도 있다. '하나의 불국토'는 하나의 법계이다. '몸'은 보통의 몸이 아니라 세계를 전체로 하여 가득한 법신이다. 움직이지 않고 일체를 움직이고, 한정이 없으면서 일체를 한정한다. 이런 행위가 부처의 행위이고 부처의 전체 작용인 것이다. 또한
"응화신(應化身)이 일체에 응하는 때에는 앞뒤도 없이 한마음 한 생각으로 대광명을 발해 널리 세계를 두루 비치면서 중생을 교화한다"
라는 기록도 찾아볼 수 있다. 이 말은 앞뒤를 끊는 것과 같다. 보통 생사가 없는 것을 안다든가 체득하는 것에 대해, 어떤 선사는 "생사가 없이 사용한다"라고 말하였다.

생사가 없으면 법계가 된다.

진정한 행위는 생사가 없음을 사용하는 것이 되어야만 한다. 생사가 없다고 하면서 어떠한 정적과 대상이 있으면 철저한 주체가 될 수 없다. 그래서 "생사가 없음을 사용한다"라고 표현한 것이다. 말하자면 생사가 없는 행위인 것이다. 체여(體如)의 행은 지적인 것이 아니며 생사가 없는 행위, 요컨대 죽음과 삶이 없는 활용이 되지 않으면 안 되는 것이다.

3. 각체(覺體 : 깨침의 근본)

불교에서 말하는 진여(眞如)란 단순한 지적인 진리가 아닌 근본 체(體)이다. 지식이 아니라 실재하는 진리이다.

진여를 일심(一心)이라 칭하기도 하는데, 달리 심진여(心眞如) 또는 법신이라고도 한다. 이는 심적이며 신체적이다. 마음은 진여의 행위가 아니고 성격이다. 심진여(心眞如)의 심(心)과 법신의 신(身)은 둘이 될 수 없다. 사회에서는 몸뚱이가 중심이 되면 유물론이 되고, 마음이 중심이 되면 유심론이 된다. 심진여나 법신이란 이와는 다르다. 법신의 신(身)에 국집하면 일체에 두루 가득하다 하면서 형체나 모양이 있는 것으로 생각한다. 그러나 법신은 모양이 있지 않다. "부처를 본다"라 하는 경우에도 부처는 시각(視覺)의 대상이 아니다.

'염불'이라는 단어를 그대로 새겨서, 마음의 부처를 생각하고 마음의 법신(法身)을 본다 하면 법신의 참뜻을 잊어버린다. 본래 공간의 추상이 공간이라 생각하는 것과 같이, 법신이 공간에 두루 있음은 법신이 본래 공간이기 때문이다.

모양이 있고 형체가 있는 것이 두루 있는 것이 아니다. 두루 있다는 것을 빛으로 잘 표현한 단어로 무애광여래(無碍光如來)가 있다.
　'허공에 가득'
이란 법신을 말하는데, 이는 공간을 이질적인 것이 공간을 차지하고 있는 것이 아니라
공간의 근원이 공간을 차지하는 것
을 뜻한다.

　"진여는 허공과 같다"고 하는 것은 단순한 비유가 아니다. 허공이 바로 진여이기 때문이다. 그래서 진여를 공(空)이라 말하는 것이다.

　공(空)을 '비었다' '속이 텅 비다'라고 생각하면 안 된다. 공(空)은 단순한 없음이 아니다. 살아 있는 공(空)이다. 살아 있는 것으로써 공간을 품되 형체도 없고 모양도 없는 것이다.

　공(空)을 체(體)로 한 공, 체적(體的)인 공, 그것은 말할 필요도 없이 법신(法身)이다. 요컨대 체적공(體的空)이며 공적체(空的體)이다. 법신을 공(空)으로 함은, 그 신(身)이 보통의 몸과는 다른 의미가 있음을 알아야 한다.

　법신은 공간적인 모양도 가지지 않으면서 공간을 벗어나지도 않는다.

ⓒ 임윤수

따라서 공간의 원형이라고 할 수 있다. 또한 참으로 살아 있는 체(體)인 것이다. 거기에서 심(心)이라는 의미가 나온다. 마음에는 흔히 모양이 없다고 생각한다. 물론 일반적인 신체와 같은 형체는 없지만 마음에 모양이 있는 것도 있다.

선악은 마음의 모양이다. 미추(美醜)도 같다. 하지만 여기서 말하는 심(心)은 대립적인 마음이 아니다. 대립적인 마음은 많다. 그러나 진여는 오직 일심(一心)이다. 선악이나 미추의 복잡한 마음의 형태로는 일심(一心)이 될 수 없다.

일심(一心)에는 마음의 형체가 없다. 모양이 없는 마음을 나타낸다.

대개 우리는 어떤 하나의 마음만을 나타내지는 않는다. 우리의 마음은 복잡하게 나타난다. 복잡하게 나타난다는 것은 우리가 분별한다는 것을 보여주고 있는 것이다. 보는 것만이 분열하는 게 아니라 보이는 것 자체도 분열한다. 요컨대 보는 것과 보이는 것 모두 함께 분열하는 것이다.

선악의 분별은 관념하는 마음에 대해 관념이 이루어지는 것, 결국 그 소(所 : 장소)가 된다. 이렇게 분별하는 마음은 능(能 : 나)이 되지만, 능(能)도 이미 하나가 아니다. 선악을 구별하는 이상 마음도 하나이어야 하지만 그것은 상대적인 것의 하나이다. 선악을 나누는 의식은 도덕적 의식이다. 그것이 하나라는 것은 상대적인 하나이다. 능(能)과 소(所)를 나누어 둘이라 해도 좋다.

일반적으로 우리의 마음은 절대로 하나가 아니다. 항상 분열하고 있기에 우리의 마음은 분열적인 마음이다. 절대적으로 하나가 되는 마음은 무분별이 되어야만 한다.

　무분별의 마음이 심진여(心眞如)의 마음이다. 이를 무심이라고도 일컫는다.

　생각을 하면서도 하나의 생각이다. 하나의 생각은 능소(能所)가 없으므로 무념이다. 이를 달리 무분별, 무심, 비사량(非思量)으로 칭하기도 한다. 오직 하나의 사량, 절대 사량이라 불러도 좋다. 오직 하나이기 때문에 평등한 마음이다.

　선(禪)에서는 "마음을 목석같이 해야 도(道)에 들어간다"라고 말한다. 이는 모두 '무심'을 나타내는 것이다.

　무심(無心)은 일심(一心)의 또 다른 표현이다.

　무심이란 마음을 뽑아서 없이 하는 것이 아니다. 따라서 '생각이 없는 생각'이라 하며, '사량하지 않는 곳에서 사량하라'고 말하는 것이다. 사량하지 않는다는 일반적인 의미로 사량한다면, 비사량과 사량을 분별하게 되고, 능소(能所)가 있는 것이 되고 만다. 이의 진정한 뜻은 사량하지 않는 것이 사량하지 않는 것을 사량하는 것이므로, 그곳엔 능소가 없다. 사량에는 판단이 없다. 무념이나 비사량은 행위나 활용이 아니라 체(體)이다. 체(體)의 용(用)이 아니고 체 그대로이다. 이러한 의미에서 볼 때

'각체는 깨침의 근본과 같다'

라는 표현이 적절하다. 이는 체로써 깨친 것, 말하자면 깨침이 그대로 체라는 의미이다.

　각체(覺體)란 각을 지적인 것으로 보아 그것이 체로 인해 마음이 보이는 것이다. 하지만 단순히 지적인 것만이 아니다. 체로 인해 각이

되고 각으로 인해 체가 되기 때문이다. 부처를 각자(覺者)라 칭함은 부처를 각체라 하는 것과 같다.

각자는 진리를 아는 자가 아니라 진리 그대로이다.

부처를 각자라 할 경우 체(體)는 각(覺)의 체, 각은 체의 각이 되어야만 한다. 따라서 각체라 칭할 때엔 세계에 두루 한다.

부처를 각자라 일컬을 경우 시간적으로는 3천 년 전, 공간적으로는 인도에 살고 있던 존재를 가리키는 게 아니다. 석존을 부처라 할 경우 시간적으로나 공간적으로 제약을 받지 않는다. 진정한 부처는 시간과 공간을 자신에 품은 본래의 시간과 본래의 공간이 되지 않으면 안 되기 때문이다.

한정되는 것이 아니고 한정하는 주체가 되어야만 한다.

하지만 한정하는 행위가 없어 각체가 없는 게 아닌가 할 수 있으나 그렇지 않다. 각체는 시간이나 공간을 한정한다 해도, 그 한정은 각체의 전체적인 행위, 전체를 쓰는 것이 아니다. 진여는 크게 쓰는 것이 아니다.

"부처란 인간을 절대화하여 이념화시킨 존재로 법신이다"라고 간주함은 '관념론'적으로 보는 것으로 옳지 않다. 부처는 살아 있는 인간을 신격화시킨 존재가 아니다. 이는 말 그대로 보면 불교를 관념적으로 풀이한 것이 되고 만다. 예로부터 그렇게 생각한 사람들이 있었다. 하지만 이는 서양 관념론이 끼친 악영향의 결과로 이런 입장에서 불교를 이해하려는 것은 잘못된 사고이다. 석존이라는 역사적인 존재는 자기 자신이 그대로 각체인 자기 한정이다.

깨침이란 단순히 스스로 깨치는 것으로 관하여 비추어 보는 것으로 이해하기 쉽다. 같은 맥락에서 주체도 관하여 비추어 보는 것으로 보아 식(識)이나 견(見)도 직관(直觀)이나 자각(自覺)이라 여기기 쉽다. 그렇게 되면 결국 지적인 것으로 결론짓게 된다. 하지만 각체란 지적인 것이 아니다. 깨침도 단순히 관하여 비추어 보는 것이 아니다. 실제 행위란 결국 정신적 작용만이 아니라 실제 작용을 갖는다. 각(覺)과 용(用)은 같다. 용 전체가 각이고 각 전체가 용이기 때문이다. 각이 전체의 용이므로 각 이외에 용은 없다. 요컨대
부처란 깨친 자이고, 깨침이란 견성도 직관도 스스로 깨침도 아니다. 내가 그대로 우주 전체와 함께 실재적 작용이 있을 뿐이다.

깨침은 전체를 포함해야 한다. 전체의 작용이란 전체가 행위이다. 보통은 전체가 행위가 안 되는데, 이는 개개인의 행위이기 때문이다. 전체의 작용은 각체가 전체적인 용(用)이다. 여기서 말하는 전체의 용과 각은 떨어지는 것이 아니다. 진정한 각체는 전체의 용으로 참 전체적 용은 각체가 되어야만 한다.

깨치며 활동하고 활동하며 깨친다. 그런 의미에서 볼 때 각은 활동의 근원이라고 할 수도 있다. 따라서 '일체가 오직 마음의 지음이다'라는 말로 표현한다. 밖에 있는 것에 행위가 없고, 쓰는 것 이외에 물건이 있을 수 없다. 행위하는 것과 행위가 이루어지는 것을 나누는 것은 일반적인 생각이다. 이 경우 행위의 용(用)은 둘이 아닌 하나의 행위이고, 능소(能所)를 끊은 행위가 된다. 전체의 용(用)이고 동시에 하나의 용이다. 만 가지 행(行)이 곧 한 가지 행이다. 각체를 획일적으로 말하면 행체(行體)가 된다. 하지만 보통의 행(行)은 조(造)라는 의미를 포함하는 경우도 있고 그렇지 않은 경우도 있다.

진여의 행(行)은 '조(造)로 만든다는 개념과 같다'라는 의미를 갖는다. 나 이외에 물질은 없으므로 자신 속에서 물질을 만든다. 나로부터 일체를 만들고 모든 물질을 나로부터 만든다. 창조주와 같은 의미는 행(行)의 주체에 포함되어야만 한다. 행이란 만드는 것을 말한다. 그러므로 일체는 마음으로부터 만든다.

창조란 과거에 있던 것이 아니라 항상 현재이다. 창조의 신화는 현재 형성되며, 세계 개벽은 지금이다.

진여란 그런 것이다. 만드는 행이며 행하면서 깨치는 것, 그것이 진여이다. 행위적 직관도 근본적으로는 여기서 말이 되는 것이다.

행위가 직관이고 직관이 행위이다. 행위와 직관이 별개의 것이 아니다. 진여를 단순히 직관이나 행위로만 보면 추상적이 된다. 직관은 오직 하나의 봄이고, 행위도 오직 하나의 행(行)이어서 하나의 봄과 행은 하나의 깨침이 된다. 이러한 것이 근본적인 행위적 직관으로 대원경지(大圓鏡智)라 칭해도 좋다. 진정한 대원경지란 시간과 공간을 자신 속에 갖는 것으로, 시간이나 공간에 의해 한정되지 않는다. 따라서 시간적·공간적인 것의 일체를 비추는 것을 대원이라 한다. 그런 까닭에 티끌 하나, 한 찰나도 그것으로부터 벗어날 수 없다.

말하자면 대원경지는 공간적인 측면으로 생각하기도 하지만 일체는 오직 마음으로 만든다는 시간적인 측면으로 생각한다. 행위적 직관에서 행위는 일체를 오직 마음으로부터 만들지 않으면 안 되기 때문이다.

장소(場所)는 공간적으로 보지만 실은 각각의 장소, 말하자면 대원경지의 장소이다.

장소라고 하면 흔히 비추어 보는 것으로 여기기 쉬운데, 그러면 행위가 없어진다.

진정한 장소는 행위적인 것을 안에 포함한 장소, 살아 있는 장소로 체(體)이어야만 한다. 체(體)로 인한 것과 깨침으로 인해 만드는 장소가 되어야만 한다.

판단이란 술어는 이러한 장소가 아니면 안 된다. 술어는 주어의 성질을 서술하는데 그 관계에서 주어와 술어를 이원적으로 생각한다. 그러나 술어는 주어의 근원이 되어야만 한다. 물질이 그곳으로부터 일어나 생성되는 토양적 장소가 아니면 안 된다. 토양은 모든 종자를 그 속에 갈무리한 후 그 속에서 종자를 육성하기 때문이다. 그 속에 없는 종자가 없고, 일체의 종자, 말하자면 과거, 현재, 미래의 종자도 거기서부터 나온다. 장소란 밖에 있는 종자가 그곳에 뿌리를 내리는 것이 아니라 종자가 그곳으로부터 싹터 나오는 토양이다. 그것을 여래장이라 일컫는 것이다. 거울에 비유하면 일체의 것이 거울 속에 나타나는 것과 같다.

진여를 무진장이나 무량계라 칭함은 전술한 바와 같다. 일체가 한정되는 모양 그대로, 그곳에 포함되는 것이 아니고
일체가 그곳으로부터 나와 그곳으로부터 멸해 가는 것이다.
또한 그곳에는 생성되어 온 피조물의 일체로부터
창조주〔자유자재한 나〕
가 해탈하고 있다. 생성된 것에도 걸림 없고 생성되는 행위에도 걸림 없어, 항상 일체로부터 벗어나 어떠한 것에도 걸림 없이 자유로운 것이 진정한 여래장이다. 그것이 진여의 근본 성격이다. 보통 역사적 주

체는 이와 같이 참된 주체의 절대적 근원이 없다.

진정한 부처는 해탈체이다. 일체의 것 속에 있으면서 일체의 것으로부터 벗어난다. 일체로 인한 무(無)이고, 무(無)로 인한 일체이다. 하지만 일체와 무(無)를 범신론적으로 생각하는 것은 아니다. 단순히 범신론일 경우 포함하다와 포함되다의 관계만 있다. 일체는 하나이고 하나는 일체이다라는 주체적 의미는 단순히 범신론에서는 생각할 수 없다. 생성하면서 생성이 없고 생함이 없이 생한다. 그것이 자재이다.

업(業)도 이러한 진여(眞如)의 행위를 지말 주체(支末主體)의 입장에서 본 것이다.

업(業)은 근본 주체를 따로 생각할 수 없다. 업(業)이 근본 주체의 행위가 되면 이미 업은 없어진다. 무명도 이런 업(業)과 같다.

ⓒ 임윤수

4. 화엄(華嚴)의 법계(法界)

  법계에 관한 기록은『화엄법계의경(華嚴法界義鏡)』에서 찾아볼 수 있다. 화엄 법계는 근본 주체와 같다고 보면 된다.『불설의경(佛說義鏡)』상권의 '일진 법계'(一眞法界 : 하나의 참다운 법계)도 근본 주체와 같은 흐름이다.
  "일진 법계는 불가사의해서 운운"에서 알 수 있듯이 "만유(萬有)를 총해(摠該)하고"의 만유가 바로 일심(一心)이다. 그것이 불가사의이다.
  불가사의는 주술적(呪術的)이나 신이적(神異的)인 것과는 다르다. 불가사의는 분별하지 않는 것이다. 따라서 우리가 분별하지 않는 것, 법계 속에 있으면서 하나의 개체인 지말 주체로서의 나로는 생각할 수 없다. 그러나 일진 법계(一眞法界)는 결코 신이(神異)로운 것이 아니다. 지말 주체로 말하면 불가사의가 되어도 그 자신은 알고 있어서, 절대 알 수 없다든가 신비로운 것이 아니다. 근본 주체는 확실히 아는 것이다. 그것은 반야(般若)에 의해서 확실해진다.

그럼 반야(般若)란 어떤 것인가?

무주무착 막섭막수 시비양망(無住無着 莫攝莫收 是非兩亡)
능소쌍절(能所雙絶)
사절역적 즉반야현전(斯絶亦寂 則般若現前)
반야비심외(般若非心外)
신생지성 내본래구족(新生智性 乃本來具足)
연본적(일집법계) 불능자현 실유반야지공〔然本寂(일진법계) 不能自現 實由般若之功〕

주함도 없고 착함도 없으며, 포섭하고 걷어들이지도 말라. 옳고 그름의 둘 다 잊고, 능과 소가 서로 끊어진 곳에, 또한 고요함도 끊어지면 반야가 스스로 눈앞에 나타난다. 반야는 마음밖에 따로 있는 것이 아니니 새로운 지혜의 성품이 나타난다. 이는 본래 구족한 일진 법계로서 스스로 능함이 아니라 실은 반야의 힘인 것이다.

반야가 바로 앞에 나타남으로써 일체가 공(空)으로 돌아가는 것이다. 일진 법계가 고요하다. 고요란 절대 부정에 있다.
반야란 이념, 이데아, 이상이 아니라 바로 앞에 나타나는 것이다.
바로 앞에 나타나는 것이 중요하다. 이는 불가사의하지도 않고, 알 수 없는 것도 아니다. 반야는 절대 부정에서 온다. 절대 부정과 반야는 표현에 있어서는 다르지만 본질은 같다. 반야의 지적 작용이 일진 법계이며 본래 고요함이다. 본래 고요함을 아는 것이 아니다.
반야의 절대 부정에 의해서 지말 주체가 해체되어 근본 주체에 환원되면서 주체의 깨침이 된다. 그것은 전체가 전체를 깨치는 것이고, 하나가 하나를 깨치는 것이다.
깨침에 있어서 능소(能所)란 없다. 깨침과 고요는 본질적으로 같다.
깨침이라는 지적인 의미가 있지만 고요는 본질이다.
깨침은 본질에 이르는 것이므로 깨치는 곳에 고요가 있고 일심(一心)이 된다. 자기 자신을 알고 있는 것, 고요를 자기 스스로 깨치는 것, 그것이 일심(一心)이다. 보통 일심불란(一心不亂)이라 할 때의 일심(一心)은 여념이 없는 것을 의미한다. 하지만 이런 경우의 일심(一心)은 고요는 되지 못한다. 왜냐하면 '일심불란'은 어떤 대상에 대해 마음이 하나가 되기 때문이다. 마음이 삼매에 드는 것으로 일심불란이 되는 대상이 있으나, 개별적인 일심불란에 멈추게 된다. 결국 삼매는 개별적인 것이 된다. 고요는 무엇인가로 향하는 마음, 무엇이 있는 마음이 아니다. 그와 같은 마음이라면 고요가 아니고 동적인 차별이다. 마음에 무엇이 있으면 고요가 아니다.

고요한 주체에는 어떠한 것이 있을 수 없다. 안도 밖도 아니며 고요도 아니다. 그것에는 오직 일심(一心)뿐이고, 오직 일심이 아니면 고요함이란 없다.

보통 우리의 마음은 특별하여 결코 없는 무(無)가 아니다. 오직 일심(一心)은 우리 앞에는 나타나지 않는다. 예술에 열중하여 일심이 되는 것은 진정한 일심이 아니다.

예술의 명인은 그 예술에 자신이 몰두하여 예술이 자신이고 자신이 예술이 되어 무심, 무아의 상태까지는 이르지만, 그것으로 반야를 얻었다고 할 수는 없다. 그것은 일심(一心)이 아니고 차별심(差別心), 차별지(差別知), 다심(多心)이다. 이 점을 사람들은 잘 분별하지 못한다.

일심이나 일진 법계란 그와 같이 일심불란한 것이 아니다. 오히려 일심불란이라고 하는 그 일심을 벗어나지 않으면 안 된다. "마음 놓음을 요한다"라는 말이 있는데, 바로 그에 통한다. 정명도(程明道)의 『수일무적(守一無適)』은 일심불란을 의미하고, 이것을 놓아 벗어나지 않으면 안 된다.

"마음은 어디에도 없다. 하지만 어디에든 가득하다"
라는 말이 오히려 마음을 놓는 것이 된다. 세인들이 말하는 방심은 산란한 마음이므로 산란심을 하나로 지키지 않으면 안 된다. 그러나 일심(一心)은 그 마음마저 놓아야 한다.

일심(一心)은 무엇에도 걸림이 없는 마음이다. 그와 같은 마음이 앞에 나타날 때 고요라 한다.

진정으로 멸(滅)하여 고요함이 된다. 그것에 고요와 지혜가 하나가 된다. 고요하면서 지혜가 없으면 일심(一心)이라 할 수도 없고 반야지라 부를 수도 없다. 그래서 이를 '지적불이지일심(智寂不二之一心)'이라 칭한다.

진정한 고요에 들면 자신이 깨치는 것이 될 뿐 아니라 깨침이 단순히 고요가 아니고 자신이 깨침으로써 고요가 일심(一心)이 되며, 마음은 오직 하나이면서 전체적인 마음이 된다. 마음이 전체가 되어 고요하고 고요하며, 거기서 나오는 지혜가 참인 반야이다.

일진 법계의 불가사의란 지말 주체로는 알 수 없지만, 지말 주체가 해체되어 근본 주체로 돌아가면 아주 선명하게 드러난다.

모든 구석구석 티끌 하나까지도 분명하다. 이것이 반야의 지혜이다. 이 지혜는 보통의 앎이 아니다. 지혜와 고요가 둘이 아니다. 이런 반야 주체는 지말 주체가 아니고 근본 주체이다. 일진 법계가 아니면 화엄 법계를 알 수 없다.

'이치를 말하는 대로 곧바로 증득하지 않으면 요달하지 못한다'라는 말이 있다. 여기서 '이치'는 고요를 말한다. 화엄 본체[理]를 차별[事]과 구별하더라도 참 본체 자신에 차별을 포함한 것이다. 그러나 보통 본체를 차별과 나누어 생각한다. 나누어 생각하는 본체는 지말 주체이다. 이는 단순한 진리, 도리로 헤겔의 개념과 비슷하며 언어상으로는 닮은꼴이나 근본은 다르다. 차별과 본체에서의 본체는 일진법계라야만 한다. 본체는 쉽게 말할 수 있는 것이 아니다.

증득이란 고요의 실증이다. 그래서 보통의 증득과는 달리, 지혜가 곧 증득이며 증득해서 나온 것이 지혜인 것이다.

믿음이란 지혜가 아니다. 불가사의는 믿음 이외에는 없다. 삶에 전혀 알 수 없는 일이 일어나는 것은 믿음 이외에는 없다. 부처를 믿는다는 것은, 부처를 안다든가 불(佛)을 깨친다는 것과는 다르다.

부처를 모를 때에는 불가사의함을 믿는 방법밖엔 없다.

그럴 경우 믿음 다음에 깨침이 온다. 깨침으로 인해 처음으로 믿음이 열매를 맺게 된다. 하지만

믿음이란 깨침에 의심이 없음을 믿는 것

으로, 깨침으로 인해 믿음이 성립되기 때문에 깨친 뒤에 믿음이 오게 된다. 확신이나 분명한 증득에는 믿음이 겸하게 되는데, 이는 증득에 의한 믿음이라고 할 수 있다. 그러나 불교에서 보통 믿음이라고 할 때는 깨침으로 나아가는 과정이 된다. 깨침은 근본 주체에 도달하는 것, 부처가 되는 것, 근본 주체가 자신이 되는 것이다. '증(證)'이 아니면 요달함이 없다'는 부처가 되지 않으면 본체를 완전히 체득할 수 없으므로 오직 부처에 의해서 처음으로 본체를 말하게 된다. 이 법계는 믿음으로는 마칠 수 없고 단순한 불가사의도 아닌, 일심(一心)에 의해 분명해진다.

일진 법계에서 "체(體)는 유무(有無)를 끊는다"라고 한다. 이는 유무(有無)를 초월한 일심(一心)이다. 보통의 일심은 유무(有無)의 범주

에 들어간다. 그러나 이 법계는 있다고도 할 수 없고 없다고도 할 수 없으면서, 또한 있기도 하고 없기도 하며 유무(有無)를 끊는 것이다.

'형상은 생멸(生滅)이 아니다.' 생멸은 없다. 생멸은 시간 속에서 가능하다. 그러나 자신에 포함된 시간에는 생멸이 없다. '세우면 우주 천지에 철저하고, 누이면 시방(十方)을 건너간다'와 같다.

세움은 시간적인 의미인 반면 누임은 공간적인 의미이다. 우주 천지에 철저하여 시방을 건너가는 것이 주체이고, 고요와 지혜가 일체(一體)가 되는 것은 일심(一心)이다.

나에게 없는 것은 부처에게도 없다. 부처는 초월이나 내재에도 없는데, 그야말로 진여이고 궁극의 참 지혜이다.

일체의 시간과 공간을 자신에 포함한 주체가 아니면 지금 말한 것은 이해할 수도 없고 이룰 수도 없다. 이렇게 함으로써 처음으로 생멸이 끊어진다.

진여, 불생불멸(不生不滅 : 태어남도 없고 죽음도 없다)은 시간 속에서 생각하는 불생불멸이 아니다.

태어남도 죽음도 없는 것은 시간을 벗어나 있기 때문에 시간의 개념으로는 설명할 수 없다. 시간의 근원이면서 시간이 없고 공간의 근원이면서 공간이 없는 곳에, 원래 시간과 공간이 생멸을 끊은 일심(一心)이 된다.

화엄에서 말하는 법계가 저자가 말하는 근본 주체이다. 화엄에는 일진 법계에 관해 충분히 표현되어 있지 않지만, 일진 법계라는 말로 나타내는 것은 근본 주체이다. 법계가 참 근본이고, 그에 일체가 된다.

화엄에는 네 가지 법계〔四法界〕가 있다. 이법계(理法界 : 근본 주체적 법의 세계), 사법계(事法界 : 차별적 법의 세계), 이사무애법계〔理事無碍法界 : 근본 주체(본체)와 차별이 걸림이 없는 법계〕, 사사무애법계(事事無碍法界 : 차별 차별이 걸림이 없는 법계)가 그것이다. 이법계는 오직 일심(一心)의 면만을 본 것, 곧 근본 주체가 하나인 전체를 의미한다. 하나와 여럿, 평등과 차별에 있어서 하나를 가지고 평등이나 공(空)의 입장에서 말하는 것이다. 이법계에서 "계(界)는 즉 성(性=본래의 성질)의 뜻을 지니며, 이(理)의 체(體)가 융통(融通)해서 나누고 한계가 없음"이라 한다. '성(性)'은 불성, 본성(本性)에서 나온 말로 성질이나 본질이라 옮기는데, 이는 구절만의 의미로 해석하면 틀리다. 성(性)에 대해 상(相)이라 할 때가 있기 때문이다.

84

여기서 말하는 이(理)나 성(性)을 사물의 성질, 사물의 본질, 사물의 이념이라고 말 그대로 해석하면 진정한 의미를 파악할 수 없다. 중요한 것은 성(性)이란 무슨 물건인가, 이(理)란 무엇인가를 알지 못하면 불교의 이(理)를 서양의 이성이나 이념과 같은 맥락에서 보게 된다는 것이다.

근본 주체는 이(理)의 의미인데, 이는 단순한 성질이나 본질이 아니고 근본 주체를 '성'이라 표현하며, 그 성질은 고요한 것이 성이다. 이는 일체의 세계에 근본 주체가 귀착하므로 그것에서 일어나는 것이 근원이 되고 본래가 된다. 따라서 본래의 성질이 된다.

이(理)에 대해서도 불교에서 이성이라 할 경우가 있다 해도 서양 철학의 이성이 아니다. 서양의 이성은 역시 분별하는 것으로, 말하자면 사량측도(思量測度)하는 것으로 절대로 불교의 이성은 아니다.

불교의 이성은 단순히 지적인 것이 아니고 살아 있는 것, 주체적이어야만 한다.

이법계(理法界)도 이성의 세계와 달라서는 안 된다. '이(理)의 체(體)가 융통해서 나누어 한계가 없는 것'이다. 이(理)는 주체여서 이(理)라고 하는 체는 일체에 융통한다. 일체에 융합해서 철저히 통한다. 이(理)의 체는 일체에 융합하고 통해서 철저히 통하는 주체가 되어야만 한다. 보통 말하는 개체는 일체(一切)의 것에 의해 한정된다. '나누어 한정이 없음'이라는 말은 한정이 없다는 의미이다. 이 세계에서 나누어 한계가 없는 것은 생각할 수 없다. 그러나 이법계(理法界)는 나누어 한계 짓는 것이 없다. 그러므로 생각으로는 도달할 수 없다. 이법계는 현재 눈앞에 살아서 실재하는 행위이다. 여기서 이(理)의 체(體)가 융통해서 나누어지면서 한계를 지을 수 없는 것은, 일진법계를 체득해야 얻어지는 것이다.

이법계(理法界)에 반해 사법계(事法界)란 일체의 차별 세계를 말한다. 하나가 아니라 많은 세계이다. 성(性)에 반해 상대의 세계이다. 이와 같이 말하면 모두 다른 것 같지만 이법계(理法界)는 하나로, 평등·성(性)·공(空)·본체의 세계를 말한다. 그리고 사법계는 여럿으로, 차별·상(相)·색(色)의 세계를 말한다. 이를 대립적으로 보면 사법계에 따로 이법계가 있는 것처럼 보인다. 그러나 양자를 구별하면 진정한 사법계나 이법계가 아니다. 사(事 : 차별)와 이(理 : 본체)는 양 법계가 동일하고 일여적(一如的)이다. 단순한 차별 세계가 있으면 법계가 아니다.

법계란 참으로 통달한 것, 근본에 통달한 것이다.

이는 불교 본래의 세계, 말하자면 불계(佛界)라고도 칭하는데, 거기에는 차별이 있을 수 없다〔이를 달리 성(性)이라고도 표현한다〕. 그러므로 이법계(理法界)라 하여 사(事)와 다르다면 이법계가 아니다. 사(事)로부터 벗어난 이(理)는 하나라 해도 단순한 하나가 되고, 공(空)이라 하지만 단공(斷空 : 오직 빈 것)이 된다. 사법계도 일체의 것을 단순히 나누고, 나누는 세계가 있으면 단순한 지말 주체의 세계가 된다. 그래서 차별과 본체는 떨어지지 않는다. 그것이 성립된 주체가 근본 주체인 것이다. 그 주체 속에서 비로소 차별과 본체를 말할 수 있는 것이다. 사(事)와 이(理)는 같은 법을 두 가지로 표현한 것에 불과하다.

요컨대 제3의 이사무애법계(理事無碍法界), 제4의 사사무애법계(事事無碍法界)가 되어 무장애(無障碍)의 세계가 나타나 사법계도 이법계도 본래 무장애(無障碍)가 되는 것이다.

5. 理(이 : 본체)와 事(사 : 차별)

『법계의경(法界義鏡)』을 살펴보면, 이사무애법계(理事無碍法界)와 사사무애법계(事事無碍法界)를 하나로 하여 무장애법계(無障碍法界 : 장애가 없는 법계)라 기록하고 있다. 이에 반해 이사무애법계에 관해서는 "분(分)과 성(性)은 상대하면서 근본 체(體)에 서로 융통한다"라고 기록하고 있다. '분(分)'과 '성(性)'으로 본다면 사법계(事法界)는 분(分), 이법계(理法界)는 성(性)을 뜻한다.

차별과 본체가 "상대하면서 근본 체에 서로 통한다"란 **차별과 본체는 서로 합일하면서 들어간다는 것이다.**

이는 무엇인가? 근본 주체는 본체를 말한다. 근본 주체와 지말 주체가 서로 관련된 것같이 본체와 차별이 바로 그 상황에서 하나가 되는 것이다. 그러나 그 둘이 서로 관련되려면 근본 조건이 있어야 한다. 이는 지말 조건이 근본 조건에 의한 것이라야 한다. 본체와 차별은 별개의 근원을 가진 것이고 둘의 근원이 다르다고 가정하면 본체와 차별은 걸림이 생기게 된다. 이때 양자는 서로 접촉하는 데서 그치고 만다.

예를 들자면 신과 인간의 관계도 단절돼 있어 그 근원이 전혀 같을 수 없다고 생각하면서 사람이 신이 될 수 있다고 가정한다면 신과 인간은 근원을 같이 하는 것이 되는데, 이는 이율배반적으로 잘못된 사고이다. 신은 인간에 대해 절대적인 타자가 되지 않으면 안 된다. 그러나 하나의 종교가 이루어지기 위해서는 신과 인간이 연관되지 않으면 안 된다. 절대적인 것만으로는 종교가 이루어지지 못한다. 신과 인간은 근원이 다르다 하더라도 양자가 반드시 관련되어야 한다. 종교적인 측면에서 볼 때 이는 필연적이다.

요컨대 사람과 신이 서로 합일하는 것이다. '우리가 살아가는 것이 아니라 신이 우리에 의해 살아간다'란 말은 이를 가리킨다. 바로 신으로부터 모두 떨어진 게 아니라 신이 인간 속에 들어 있는 것 같은 신인 것이다. 그렇지만 신의 입장에서는 그들이 사람 속에 들어 있게 되는 것이다. 이러한 사람이 종교적인 사람이다. 사람으로 말하면 신을 자신 속에 받아들인 것이다. 이렇듯 양자가 서로 합일한다고 생각하면 된다. 이는 신과 인간의 근원이 달라도 양자가 서로 합일하면서 들어가는 관계가 성립되는 이유인 것이다.

성(性 : 근본)과 분(分 : 나눔)이 상대하면서 근본 체(體)에 융통하고 있는 것, 즉 서로 합일하면서 들어가는 관계로 보면 된다. 같은 불교에서도 정토의 진종(眞宗)에서는 미타와 범부 사이로 성립시키고 있다. 그때 사람의 근원은 신이 된다고 하지도 않고, 차별이 본체에 들어간다고도 하지 않는다. 양자는 어디까지나 떨어져 있다. 만약 차별이 본체로 들어가고, 차별의 근본이 본체라고 하면, 그것은 서양의 근세 신과 인간 관계처럼 된다. 여기에서 사람 이외의 신은 없다가 성립한다.

사람이 신이라 하는 것은 사람을 절대 긍정한 것이다. 이때의 사람은 본체가 된다. 결국 인간중심주의가 된다. 바로 이 점이 종교가 성립되지 않는 이유이다. 종교를 바르게 이해하는 입장이 아니고 부정하는 입장인 것이다. 지말 주체란 근본 주체로 돌아가는 것이다. 이는 근세 인간중심주의적인 사상으로 풀어야 할 과제이다. 그래서 절대 부정에 의해 성립된다.

근본 주체란 인간의 절대 부정을 근본 조건으로 한다. 그렇다고 하여 신과 인간의 경우처럼 두드러지게 다르면서 연결되어 서로 합쳐지는 관계로는 화엄의 차별과 본체의 관계를 설명할 수 없다.

화엄 법계는 인간중심주의도 아닐 뿐만 아니라 차별 중심주의도 아니다. 이는 번뇌를 중심으로 한 색계(色界) 사상이다.

화엄으로 말하면 차별의 법계에도 끼지 못한다고 할 수 있다. 사(事)의 법계는 분(分)의 뜻을 가짐으로써 차별 세계임을 알 수 있지만, 보통 말하는 차별의 현실 세계는 아니다. 사법계는 차별 세계이지만 어디까지나 본체에 근거를 둔 차별 세계이다. 보통 차별 세계란 절대 부정에 의해 본체가 된다. 그 본체 속에서 성립되는 차별 세계가 사법계인 것이다. 사법계란 소박하지 않다. 현실 세계는 순수한 사(事)의 세계로, 화엄에서 말하는 사법계와는 다르다. 사법계는 현실계를 비판하고 절대 부정한 후 거기에서 성립되는 차별 세계이다.『법계의경(法界義鏡)』에서 법계란 체(體)를 가리킨다.

법계를 간략히 말하면 '불가사의해탈경계(不可思議解脫境界)'라 할 수 있다. 따라서 법계란 소박한 번뇌나 미혹의 세계가 아닌 해탈의 세계이다. 그런 탓에 차별 법계(法界)라 할 때도 단순히 현실 세계를 포함하여 무수한 세계로 생각하는 것은 잘못이다. 차별 법계란 본체 법계를 맞이하여 이루어진다. 이는 차별과 본체를 일법계(一法界 : 차별과 본체를 하나로 한 법계)의 양면으로 본 것이다. 차별 없는 본체, 본체 없는 차별이란 본체 법계나 차별 법계라 할 수 없다. 이럴 경우 오류를 범하기 쉬운 점은 차별 없는 본체, 본체 없는 차별이 없다고 할 경우 본체의 독립성이 없어지는 것같이 생각되기 때문이다.

하지만 항상 강조하듯이 둘의 관계는 본체 없는 차별이란 진정한 차별이 아니며, 차별 없는 본체란 진정한 본체가 아니라는 점이다. 물론 그럴 경우 말 속에서만 서로 합일되는 것을 문제시할 필요는 없다. 본체란 차별에 대해서이고 또한 그 반대를 말하는 것이므로 서로 합일되는 것으로 보아서는 안 된다. 차별과 본체 관계는, 차별 없는 본체 없고 본체 없는 차별 없다는 점을 단순히 양자가 서로 합일되는 관계로만 본다면, 차별과 본체는 이원적이 된다. 차별 없는 본체 없다고 하면 본체의 독립성(獨立性)과 독존성(獨存性)은 사라진다. 또한 차별의 상대 개념으로 본체가 존재한다고 해도 이원론적이 되고 만다. 따라서 차별과 본체를 이원론적으로 생각하면 안 된다.

차별 없는 본체나 본체 없는 차별은 성립하지 않는다. 하지만 정(正 : 중심)과 의(依 : 의지)의 관계로 볼 때 본체는 차별에 의해서 성립되는 것이 아님을 알 수 있다. 서로 합일될 경우 차별 없는 평등이란 진정한 평등이 아니고, 평등 없는 차별도 진정한 차별이 아니어서 어디가 바르고 비슷한가를 구별해야 한다. 엄밀히 말하면 차별 없는 본체는 이루어지지만 본체 없는 차별은 성립되지 않는다.

하지만 그렇게 결정해 버리면 차별은 본체로부터 완전히 제외되는 오류를 범하기 쉽다. 차별 없는 본체는 평등하지 않다. 그래서 차별 없는 본체는 없다고 말해야 하는 것이다. 이럴 경우 본체 자체에서 그 자신이 일법계(一法界)인 것처럼 본체가 유일이라도 그 유일의 본체로부터 차별이나 여럿이 나오는 것이다.

본체는 차별의 근원이다. 때문에 차별을 자신 속에 포함시킨다. 이런 관점에서 볼 때 본체와 차별의 관계는 단순히 서로 합일되는 것이 아니고, 본체 속에 차별이 포함됨을 알 수 있다. 중심·의지의 관계가 그것에서 성립되는 이유가 된다. 이는 중요하다. 본체는 만유의 근원이다. 그러나 만유에 의해 성립되지 않는다. 본체는 홀로 존재하는 것, 즉 그 자체가 스스로 독립하여 존재하는 것이다. 요컨대 차별은 본체에 의존하는 것이므로 본체에서는 차별이 없다. 따라서 헛된 것이고 또한 비었다는 의미로 자성공(自性空)이 된다.

자성공(自性空)의 공(空)과 본체의 공(空)은 구별되어야만 한다. 본체가 공(空)이 됨은 유일하여 진실하게 '있다'는 의미이다. 공(空)은 단순히 빔[虛]이고, 위선[僞]·반대[反]·거짓[假]이 아니고 참이어야 한다. 그래서
진공(眞空)이며 묘유(妙有)인 것이다.

차별은 '있음'이라 해도 변하는 '있음'이 된다. 항상 고정된 '있음'이 아니기 때문에 거짓인 공(空)이다. 그러나 본체를 공(空)이라 할 경우 이는 차별이나 한정을 끊고 모양도 있을 수 없는, 안과 밖이 모두 모양이 없는 의미의 공이다. 이러한 공(空)은

상주불변의 '있음'이다.

공(空)의 의미를 엄밀히 생각해야 한다. 여기서 말하는 '없음'은 거짓인 자성이 공(空)한 것이므로 '없음'이라 하는 것이 아니다.

나의 존재가 참으로 없기 때문에 '없음'이라 하는 것이다.

진종(眞宗)의 '없음'은 우리가 번뇌구족(煩惱具足)하므로 허위의 '없음'을 의미한다. 나는 가치도 존재성도 거짓된 것이므로 '없음'이라 한다. 진공(眞空)이라 할 경우의 '없음'과 자성공(自性空)의 '없음'은 다르다. 진종(眞宗)에서 말하는 '없음'은 미타가 없다고 할 때의 '없음'이다.

본체와 차별의 관계를 2단계로 나누어 생각해 보자.

1단계에서 차별은 본체 없이 성립할 수 '없다'이다. 따라서 본체 없는 차별은 없다. 그런 반면 본체는 차별 없이 성립할 수 있다. 이때의 본체는 차별 없이 성립되므로 1단계가 된다. 이렇게 되면 본체가 허무, 단순히 단공(斷空)에 떨어질 수도 있다.

2단계에서 본체와 차별은 전혀 관계없는 것이거나, 본체는 차별의 근원이므로 차별 없는 본체를 생각할 수 없다가 된다.

이렇게 2단계로 나누어 생각하는 것이 차별과 본체의 관계를 명료하게 한다.

한쪽에서는 본체의 자존성을 주장하는 반면 다른 한쪽에서는 여럿을 하나로부터 나온다고 여긴다. 하나로부터 나오지 않는 여럿은 없다. 차별과 본체의 관계를 '고요함'으로 보는 것은 옳지 않다. 차별이 있음과 동시에 통일체가 있고, 하나와 여럿을 동시적으로 보며, 하나를 고요한 통일로 보기 때문이다.

　또한 하나가 여럿의 목표를 향해 나아가는 것을 이상으로 생각하는 것도 그릇된 것이다. 본체는 홀로 존재할 뿐만 아니라 주체가 되며, 본체로부터 일체가 나오므로 본체와 차별의 관계를 확인해야 한다. 그러나 하나에서 여럿이 나오게 하므로, 통일되고 고요하여 발전적 관계도 성립된다. 또한 여럿이 하나로 뭉침을 생각할 수 있다. 여기서 하나와는 다른 면을 볼 수 있다.

　차별이 비판되고 부정되면서 본체로 돌아가지만, 결국 차별은 자기 근원, 자기 본래로 돌아간다. 그것이 환원인 것이다.

　상대적으로 여럿은 근원으로 돌아가서 하나로 융합되며 통일된다. 하나는 차별 밖에 있는 게 아니라 안에 있다. 시간·공간이 함께 할 때의 차별은 하나이다. 이 하나는 시간과 공간이 함께 한 것이다.

제3장_ 법계 연기론(法界緣起論)　95

시간과 공간이 함께 하면 고요가 나타난다.

 현실 속에 여럿이 있으면서 하나가 있고, 환원(還源)도 없이 차별을 긍정한다. 그리고 하나를 생각할 경우 그것은 하나도 아니고 본체도 아니다. 불교에서 말하는 하나나 본체는 이와 같은 것이 아니다. 이 말은 분별이나 사량에 의해 이루어진 것으로 관념적이다. 이러한 하나나 본체는 객체가 된다. 더욱이 초월적인 객체가 된다. 이러한 것은 망상이고 번뇌이다. 그와 같은 종교는 신을 망각한 것이 되고, 인간중심주의가 된다. 인간의 분별에 의해서 신을 내세운다면 근세 철학의 주류가 되고 만다.

 불교에서 말하는 부처와 진여란 차별이 스스로 자신을 해체하여 진정한 하나로 돌아가는 것을 말한다. 자신의 근원으로 돌아가면 그곳이 하나이면서 주체가 된다. 이러한 하나가 본체인 것이다. 그래서 본체가 살아 있는 생명이 된다. 그것은 시간과 공간을 자신 속에 가지는 주체이다. 그리고 본래 시간·공간과 같이 보통의 시간·공간의 근원으로 인해 살아 있는 생명이 된다. 이와 같이 살아 있는 생명을 법계라 하는 것이다.

 이런 것이 아닌 법계란 외도이다.

 하나나 본체는 전체이다. 그러나 차별을 보자기에 싼 것과 같은 전체는 아니다. 그러한 것이 있으면 창조란 없다.

 이 책에서 말하는 하나나 본체란 일체의 것을 자신 속에 포함하며 한없이 새로운 것이 솟아나는 것을 이른다.

 솟아나는 것은 차별로, 그것이 한없이 살아나고 소멸해 간다는 의미로 장(藏 : 여래창고)이라 한다. 그 여래창고로부터 나오는 차별의 하나 하나가 생멸체(生滅體)이다. 따라서 그것으로부터 나오고 멸하는 것은 본체를 벗어난 것이 아니다. 생(生)도 본체의 생이고 멸(滅)도 본체의 멸이어서 생사 전체가 된다. 그럴 경우 생멸(生滅) 없는 것을 생멸이라 하게 된다. 이러한 세계가 진정한 실상의 세계이며 현실 정토이다.

화엄에서는 차별을 '티끌이나 진(塵)'이라 일컫는다. 보통의 티끌은 당연히 부정되는 번뇌를 가리킨다. 티끌은 본체를 주체로 하여 파생되는 많은 것이므로 티끌 티끌마다 광명이 발하며, 한 티끌이 일어나면 전체가 일어난다. 하나의 티끌 속에 전체를 포함하고 하나의 티끌 속에서 전체가 형성된다.

그러나 그것은 내가 아니면 안 된다.

이러한 나 이외의 불보살이 있을 경우 법계가 될 수 없다. 법계란 객체가 아니고 주체로서 내가 아니면 안 된다. 그렇지 않으면 무애자재나 무장애라고 칭할 수 없다. 물론 무장애는 본체로 들어간다고 하는데, 그 본체가 우리에게는 초월적이거나 무장애가 될 수 없다. 거기에는 종교가 없다.

종교란 무장애(無障碍 : 장애에 걸림 없다)의 세계이되 나의 밖에서 성립되지 않는다. 나는 해탈하지 않으면 안 된다. 무장애가 될 때에는 내가 지말 주체가 아니고 근본 주체가 되어야 한다.

　우리는 4법계(四法界)라는 말을 자주 사용하는데, 나를 벗어난 것으로 할 경우 법계가 될 수 없다. 그런 경우 결국 생명이 없는 관념에 그치고 만다. 설사 부처가 말한 대로 믿는다 해도 법계에 걸림이 있기 때문에 법계에서 살아간다고 할 수 없다. 살아 있는 것, 그것을 제외한 불교의 문자 해석이나 단순한 관념에 사로잡히면 오히려 불교에서 표방하는 목표에 어긋난다. 어떻게 하든 법계를 나의 것으로, 법계를 현실에 나타내지 않으면 안 된다.

6. 이사(理事)와 사사(事事)
- 본체와 차별, 그리고 차별과 차별

본체와 차별, 하나와 여럿은 서로 합일적인 관계이다. 하나 즉 여럿, 여럿 즉 하나가 참 하나와 여럿의 관계이다. 그러나 단순히 서로 합일한다면 하나의 독자성(신・불・본체를 하나로 함), 말하자면 이와 같은 독립성은 없어지는 것이다. 하나란 여럿이 있으므로 하나가 되는 것이다. 그리고 여럿이란 하나에 의해 여럿이 되는 것이다. 따라서 하나는 여럿을 벗어나는 것이 아니라 여럿을 자신 속에 포함시키는 것이다. 또한 여럿을 본질로부터 성립시키므로 하나는 단순한 하나가 아니다.

『화엄금사자장광현초(華嚴金師子章光顯鈔)』를 살펴보면 다음과 같은 기록을 찾아볼 수 있다.

진여불기법고 불필유기립眞如不起法故 不必由起立
생멸기동문고 필뢰불기生滅起動門故 必賴不起
진여는 일어나지 않는 본체로 법을 삼기 때문에 일어나서 따로 세우는 것을 필요로 하지 않는다.

그리고 생멸은 기동문이기 때문에 일어나지 않는 본체에 중심을 두어 의지한다.

진여란 하나이면서 본체이다. 그리고 불기(不起)란 불생불멸·고요·없음이다. 그것을 절대 부정으로 간주하지만 단순한 논리가 아니기에 역시 체(體)가 맞다. 진여는 체(體)이고 근본체는 불생불멸이다. 범부(凡夫)라 덜하지 않고 부처라 더하지 않으니 모두 하나이다. 여기에서 '일어나는 것'은 생멸이고 차별은 움직이는 것이므로, 색(色)이나 여럿을 의미한다. 진여나 하나는 없음이고 불생불멸이기에 절대로 생멸이나 차별의 여럿에 의해 성립되는 게 아니다.

생멸의 차별은 기동문(起動門)으로 연기하는 것이다.

역시 궁극적으로는 일어나지 않는 본체가 된다. 본체란 반드시 차별에 의지하지 않지만 차별이란 반드시 본체를 의지한다.

『금사자장(金師子章)』을 보면 진여를 금(金), 생멸을 사자에 비유한 대목이 있다. 금(金)은 그 자신에 의해서 존재한다. 따라서 사자의 모양을 기다려서 금(金)이 있는 게 아니다. 이에 반해 사자의 모양은 금(金)을 기다려 성립된다. 차별이란 꼭 본체에 의해서 성립되지만 본체란 꼭 차별에 의하지 않는다. 요컨대 여럿은 하나에 의해서 성립되지만 하나는 꼭 여럿에 의하지 않는다.

플라톤의 형상(形相)과 질료(質料)에 대한 생각을 거꾸로 불교에서는 질료의 쪽을 하나로 생각한다. 형상은 생멸문, 질료는 불생불멸로 생각한다. 더욱이 불교의 질료는, 서양 철학에서 말하는 질료와 같이 생각지 않는다. 차별과 본체, 여럿과 하나의 관계는, 하나 즉 여럿, 여럿 즉 하나라 한다. 하지만 엄밀히 말해 하나는 여럿에 의해 성립되지 않으나 여럿은 하나에 의해 성립된다.

다른 의견은 여럿 없는 하나는 존재하지 않는다는 것이다. 하나는 여럿에 의한 것이므로, 여럿이 없는 하나는 진정한 하나가 될 수 없다. 서로 합일한다 해도 평등적인 합일이 아니다. 서양에서 말하는 신과 인간의 관계처럼 잘못된 생각을 하면 안 된다. 그들이 주창하는 신과 인간은 잘못 엉켜 있다. 불교에서는 이러한 관계를 최고의 뜻으로 여기지 않는다. 중요한 뜻은

본체는 체(體)에 있으므로 일원적이며, 서로 합일하는 것도 그 일원론의 토대 위에 성립된 합일인 것이다. 요컨대 불교에서 하나라는 뜻은 전체를 하나로 한다는 뜻이다.

제3장_ 법계 연기론(法界緣起論) 101

본체와 차별, 사법계(事法界＝차별)와 이법계(理法界＝본체)를 한 번 나누어 생각해 보자.

차별 법계는 본체 법계로부터 완전히 벗어나 성립되는 게 아니다. 본체 법계로부터 전부 벗어난 차별 법계는 진정한 차별 법계가 아니다. 이는 생멸(生滅)이 있는 세계, 무명이나 번뇌의 세계인 것이다. 현실의 단순한 차별 법계, 즉 여럿의 세계가 그 근원인 하나로 돌아갈 때 근본 주체가 된다. 그 근본 주체가 움직임으로써 처음으로 진정한 차별 법계가 성립되는 것이다. 이는 '뇌불기'(賴不起 : 본체에 의지)에 의해 움직임이 일어난다. 그러면 차별은 본체의 차별이 된다. 여럿은 하나의 여럿이고, 하나도 여럿의 하나가 아니면 안 된다. '하나도 여럿의 하나이다'라 하는 것이 '여럿 즉 하나'보다도 진정한 여럿, 진정한 차별을 확실히 한다. 진여의 활용이 움직임이고, 그 움직임이 여럿이다. 하나가 움직여 여럿이 된다.

따라서 본체와 차별은 떨어질 수 없는 관계가 되는 것이다. 이 경우 본체 또한 차별과 따로가 아니기에 본체와 차별이 떨어지지 않는다. 본체와 차별의 관계가 다르지 않기 때문에 하나가 되는 것이다. 둘이 하나가 되어도, 본체와 차별이 걸림 없기 때문에 본체와 차별이 걸림 없는 법계가 되는 것이다.

『법계의경(法界義鏡)』을 살펴보면 "차별과 본체에 걸림이 없다는 것은, 본체와 같이 연기하면서 일체의 차별 속에서 차별의 법(法)을 이루면 체(體)가 허공과 같아서 운운"한다고 설명하고 있다. 결국 **연기란 진여로부터의 연기인 것이다. 차별하며 법(法)을 이루면서 본체는 움직이지 않는다.**

진여는 움직이면서 움직이지 않는다. 움직이면서 움직이지 않기 때문에 진여는 움직이는 것으로 인해 그 자체를 더럽히지 않는다. 함께 움직이면서 스스로를 더럽힌다면 번뇌 속에 들어가도 더럽혀지지 않는, 즉 불 속에서 연꽃이 핀다는 말은 맞지 않게 된다. 체(體)가 허공과 같지 않으면 움직이지 않으면서 움직인다고 할 수 없다.

'무성(無性)의 연생(緣生)'이라는 말이 있듯 진여로부터 나오는 차별에 의해 무성(無性)의 인연이 나온다. 유성(有性)의 인연으로 나오는 것은 진여에 의한 것이 아니다. 진여는 무성(無性)이다.

일체는 진여로부터 나온다. 모든 것은 무성(無性)의 인연으로 나오며, 하나로부터 나오지 않는 여럿은 없다.

하지만 유성(有性)의 인연으로 나오는 것은 무명의 시작이다. 무명으로부터 일어난 것이 유성(有性)의 인연으로 나온 것이다.

무명과 진여는 앞뒤가 같아서 체(體)로 말하면 별도의 것이 아니다.

본체를 잊고 근원을 상실한 무명이 여럿을 이룬 것이 지말 주체이다. 그러나 차별과 본체가 무(無)의 성(性)이 될 때에는 차별과 본체 관계를 방해하지 않는다. 하나로부터 나온 여럿은 하나로부터 나왔기 때문에 무(無)의 성(性)이다. 따라서 본체를 방해하지 않는다. 또한 여럿의 근원이 되는 하나는 여럿의 근원이 되기 때문에 여럿을 방해하지 않는다. 이를 일러 이사무애법계(理事無碍法界)라 하는 것이다. 이것이 진정한 우리의 세계이다. 그러므로 하나와 여럿은 이와 같은 관계에 있다.

신과 세계 또는 신과 인간은 서로 대립하는 관계에 있으면 안 된다. 불교에서는 본체와 차별의 걸림 없는 세계적 관계에 대해 말한다. 신이 바로 본체라 생각하는 것이 차이점이듯, 불교와 서양 사상을 가진 종교는 다르다. 본체나 신이 객체가 되면 본체와 차별의 걸림 없는 법계는 성립하지 못한다. 그들의 주장에 따르면 신은 객체이다. 그래서 차별이 된다.

그러나 화엄 법계에서 본체는 객체가 아닌 주체이다. 그렇지 않으면 본체와 차별의 걸림 없는 법계는 성립되지 않는다.

주체는 본체이다. 진여는 체(體)이다. 본체가 나이며, 차별이 나인 것이 아니라 나는 본체인 나이다. 본체인 나를 말하면, 본체와 차별의 관계는 전술한 바와 같다. 차별하는 세계의 일체는 나로부터 연기하는 것이다. 그렇지 않으면 화엄 법계는 성립되지 않는다.

그러면 법계는 단순히 관념적으로 된다. 내가 바로 본체와 차별의 걸림 없는 법계이다.

불교적 세계관이란 보통의 세계관을 초월하는 실천문이다.

오늘날의 세계관은 지적·관조적으로 실천적 의미는 없다. 그러나 화엄의 본체와 차별의 걸림 없는 법계는 '오늘 어떻게 살아갈까'라는 실천에 관한 것이다. 관(觀)이 아니라 실천문이며 생활법이다. 일상의 찰나 찰나가 생명이고 살아가는 방법이다. 참 생명, 참나가 본체이다.

본체가 되지 않는 나는 본체와 차별의 걸림 없는 법계가 되지 못한다.

화엄에서는 관법(觀法)을 닦는 데 그 법계관(法界觀) 역시 실천문이다. 관(觀)은 관조적(觀照的)·정관적(靜觀的)이 되긴 하지만 참 세계관은 정관적이다.

또는 일정의 시간 속에서 경험하는 수행은 하나의 세계가 되어야만 한다. 참 본체와 차별의 걸림 없는 법계는 지금 여기서 현성되어야 한다. 그것이 참 삶이다.

본체와 차별에 걸림이 없다고 할 때 차별과 본체는 서로 다르면서 하나이다. 하지만 차별과 차별이 걸림 없는 법계라 할 때 이는 본체가 들어 있지도 않으며, 하나가 없이 여럿이 구성된 세계가 된다. 차별과 차별에 걸림이 없음이란 곧 차별과 차별에 서로 걸림이 없다는 말이다. 본체와 차별이 하나와 여럿의 관계에 있는 것같이 차별과 차별이 걸림 없음은 여럿이 서로 관계를 갖는 것이다. 요컨대 신과 인간의 관계가 아니라 사람과 사람, 만물과 만물, 차별이면서 동질의 세계인 것이다. 보통의 세계는 이러하다. 본체를 전혀 생각지 않는다. 나와 너의 관계는 나와 책상, 책상과 의자의 관계처럼 차별과 차별의 관계이다.

칸트의 주장처럼 인간을 인식의 대상으로 간주하면, 나와 너의 관계는 성립하지 못한다. 나와 너는 인식의 주관으로 인식의 대상이 되지 못한다. 보통의 나와 너의 관계는 차별적인 관계이지만 불교에서 말하는 본체와 차별, 말하자면 나와 너는 불교의 본체가 아니며 인격도 본체가 될 수 없다.

현실 세계에서는 차별과 차별의 관계, 다시 말해 차별과 차별의 법계이다. 하지만 이 세계는 걸림 없는 세계가 아니므로 걸림이 있다. 이 세계에서는 모두가 자신을 주장하면서 지키려 하므로 서로 모순된다.

책상은 책상, 의자는 의자라 하는 것처럼 자성을 지키는데, 그런 만큼 대립하며 모순된다. 그 대립은 무한히 융합되지 못한다. 본래는 공통되는 점도 있어 모순되지만 나름대로 공통점을 갖는다. 개개인이 그와 같은 성격을 가지며 모순되는 점이 동적으로 통일되며, 발전적·시간적 관계를 이룬다. 그렇다면 그와 같은 점이 완전히 통일되는 것일까? 아니다. 그 모순은 절대에 지양되지 않는다. 따라서 현실을 설명하지만 하나와 여럿의 합일 관계를 갖는다고 주장한다.

"하나로써 전체를 거둔다"는 말이 『법계의경(法界義鏡)』에 있다.
하나를 가지고 전체를 거두기 때문에 차별의 하나 하나는 어떠한 걸림도 없다.
'참으로 사람들에게 그러한 곳을 얻도록 해서' 나는 차별과 차별이 걸림 없는 법계에 있으므로 완전함을 갖는다. 모든 것이 각자 행위를 지키면서도 서로 모순되는 것이 없다. 나 하나 하나의 행동이 하나인 본체에 관계되는 것이면 그것은 틀린 것이다. 사람과의 관계를 염두에 두고 만나면 걸림이 없는 것이라 할 수 없다. 그것엔 본체도 신도 없고, 하나 하나의 세계가 신이라고 하는 것에 의해 차별과 차별이 걸림 없음이 철저해진다. 차별과 차별이 걸림 없는 법계란 단순한 차별과 차별의 관계가 아니다. 이는 단순한 본체도, 본체와 차별의 관계도 아니고 참 차별과 차별의 관계이다.
하나 하나가 진실로 본체이어서 우리가 손 한 번 들고 발 한 번 뛰는 것이 참 부처이다.
'버들은 푸르고 꽃은 붉다'란 차별과 차별이 걸림 없는 법계라는 뜻이며, 이를 실상이라 일컫는 것이다.

진여의 차별과 차별이 걸림 없는 모습은 '버들은 푸르고 꽃은 붉다'를 산 빛깔 그대로 청정신(淸淨身)이라 해도 좋다. 그때 초록은 나의 빛깔이고, 버들은 나의 버들이 되어야만 한다. 그렇게 되면 버들이나 꽃은 무생물이 아니다. 진여이고 일심(一心)이다.

단순히 사물을 살아 있는 것으로 생각하는 애니미즘이나 범신론과도 다르다. 버들도 꽃도 진여이고, 녹색도 빨간색도 진여의 색깔이고, 나의 색깔이 된다. 그래서 나는 빨간색도 되고 녹색도 되며 자유자재한 것이다.

청량대사 징관(淸凉大師 澄觀)은 차별 차별이 걸림 없는 법계에 대한 게송에 "입상수비 촉목개도(立像竪臂 觸目皆道 : 몸을 움직이고 팔을 세우며 눈으로 보는 것이 다 도다)"라 했다. "옷 입고 밥 먹고 하는 평상시의 마음이 다 도(道)다"라는 것도 마찬가지이다.

도(道)란 무엇인가? 배 고프면 밥 먹고 졸리면 자는 것이다. 어느 것에 있어도 차별 차별에 걸림이 없다. 불교인은 이러한 참 모습이 아니면 안 된다.

일생의 업(業)을 이른 극치, 대안심(大安心)의 극치는 밥 먹고 똥 싸는 게 다 도(道)가 아니면 안 된다. 평상시의 마음이 도(道)가 되면, 그곳에 대안심이 된다. 차별 차별이 걸림 없는 법계의 안심(安心)은 이와 같은 것으로 무엇을 구하는 것도 없으며, 모두가 그 속에 있어 만족한다.

그래서 차별 차별이 걸림 없는 법계는 주편함용관(周遍含容觀)이 되는 것이다. 이는 '내가 두루두루 모든 법계를 머금는다'라는 뜻으로, 화엄의 극치인 동시에 인간의 극치를 표현한 것이다.
    역사와 종교의 일치란 이렇게 되어야만 한다. 불교는 이러한 점을 깊이 통찰한다. 오늘날 세계의 지도 원리가 되는 형이상학은, 차별 차별이 걸림 없는 세계이며, 역사와 종교가 일치되지 않으면 안 된다.
    현재 서양 철학에는 종교(맹신적이 아님)가 없다. 그래서 철학은 차별 차별이 걸림이 있게 된다. '나'란 '서로 합일'을 동시적 관계로 보지 않으면 설명할 수 없다. 역시 종적이 아니면 안 된다. 보통은 하나와 여럿의 관계는 인식론으로 보기 쉽다. 본체와 차별의 관계는 연기, 곧 동적인 것으로, 여래장으로부터 무한히 연기하지 않으면 안 된다.

7. 불교의 표현

 화엄의 사법계(四法界)는 삼법계(三法界), 즉 이법계, 이사무애법계, 사사무애법계로 이 삼법계가 차별 법계에 의한 것이다. 하지만 차별 법계가 삼법계의 근거는 될 수 없다. 차별 법계는 우리들의 현실이다.
 불교에서 말하는 참 차별은 본체에 의한 것이다. 차별 법계는 현실 세계이다. 현실 세계는 우리들의 출발점이다. 따라서 우리는 차별 법계, 즉 현실 세계에 살고 있으며, 그것으로부터 벗어날 수 없다.
 우리는 역사적 세계를 벗어나 한 발자국도 움직일 수 없다. 이러한 역사적 세계를 초월하여 여럿을 벗어나 하나의 세계를 출발점으로 할 수 없다. 하나를 추구하여 논하더라도, 여럿을 출발점으로 하여 하나에 가는 것과 같다. 다음의 삼법계가 첫번째 차별 법계에 의한 것이라는 점은 이러한 의미이다. 여럿을 매개로 하지 않고 하나로 갈 수는 없다. 여럿을 부정하고 하나에 가는 것이 되기 때문이다. 이는 역사적 세계를 초월하는 것으로 생각할 수 있다. 이러한 통속적인 생각은 일단은 맞다고 할 수 있다. 하지만 이런 생각은 우리의 일반적인 정신 과정으로, 차별이 근본을 찾아서 본체에 가고, 여럿에서 하나에 이르는 것이 심리적 과정인 것이다. 그러나 이 과정이 차별 법계가 다른 삼법계의 근거가 된다는 점은 참이 아니다. 본체 법계가 근본이고, 다른 삼법계는 본체에 의한 것이라고 보는 것이 타당하다. 이 생각은 심리주의가 아닌 논리적으로 보는 방법이다. 하나를 기준으로 하여 여럿이 있다. '기준'은 찾는 것이 아니고 근원이며, 그에 의해서 다른 삼법계가 성립된다. 그렇다고 해서 여럿의 근원을 찾아서 하나로 생각하는 것이 아니다.

하나와 여럿은 의지하고 의지하는 관계로, 차별이나 역사적 세계도 우리들의 현실이기 때문에 거기에서 벗어날 수 없다. 그 속에서 하나라든가 근본을 생각하는 것은 본체 법계가 아니다. 따라서 **보통의 여럿을 전부 해체하여 하나에 모아 본체 법계를 세우지 않으면 안 된다.**

의지하는 관계로 보아 현실 세계에서는 차별이 주체가 되어 있지만 화엄에서는 본체가 주체이다. 본체가 주체라는 것은 객체적 주체라는 말이 아니다. 하나를 주체로 하는 것은 보통 객체적 주체로 간주하며, 일반적으로 살아 있는 행위는 여럿의 배후에 행위하는 하나가 있다 하여 객체적 주체라 하는 것이다.

이(理)가 주체라고 하는 것도, 객체적 주체가 아닌

주체적 주체

가 되지 않으면 안 된다(상대적 주체가 아니고 주체적 주체가 되어야 한다). 그래야 나와 본체가 전부 하나가 된다. 그때의 본체는 초월적이 아니다. 이렇게 된 나는 보통의 내가 아니고, 본체인 나이고 근본 주체이다. 이러한 본체가 일체의 근본 법계가 된다.

  그러기 위해선 실천문이 필요하다. 내가 본체가 되기 위한 중요한 문이다. 역사 전체, 세계 전체가 본체에 환원하고, 그것에 참 주체, 모든 세계의 주체가 확립된다. 그것이 불교적 주체이다. 무(無), 동양적무는 이러한 주체 이외 없다. 그것이 본체이다.

  본체는 관념이나 이성이 아니고 살아 있는 행위, 생명이다. 부처가 자유자재함은 이러한 경우를 말하는 것이다. 자유자재해서 걸림이 없는 것이다.

  말하자면 장애가 없는 법계(法界)이다. 장애가 없는 자재(自在)한 세계가 화엄의 진실한 모습이다. 자재가 세계의 모양이다.

  자재를 목적 삼아 그를 향해 나아가는 것은 자유자재가 못 된다. 자재가 목적이 되면 초월적이 되고 만다. 현실 세계에서 걸림 없는 세계와 합일한다는 것은 이상주의이다. 그래서 자재는 현재이다. 바로 여기에서 걸림 없는 세계가 성립된 것이다. 걸림 없다는 것은 내가 걸림이 없다는 것이다. 내가 걸림이 없을 때 종교가 있다.

  내 생활이 걸림 없는 것이 본체이다. 본체는 내재적도 초월적도 아니다. 하나가 현재인 것에 불교의 하나와 여럿과의 특징적 관계가 성립된다.

  화엄 법계에 철저한 사람은 자신·차별·여럿의 세계를 하나로 환원시킨다. 그 하나는 관념이 아니다. 전체를 가지고 본체로 한다. 그것에는 장애가 없다.

진실한 차별 법계는 반드시 본체로부터 나온다. 차별 법계가 출발점이라는 것은 차별 법계가 독립적인 의미가 아니라는 뜻이다. 여럿의 세계에 우리가 살고 있기 때문에 그것에서 출발해도 차별 법계의 뿌리 속에는 본체가 있고, 그 본체에 의해 차별 법계가 성립된다. 출발점이 되는 여럿은 본체로부터 나온 여럿이다. 그렇기 때문에 참 출발점은 하나이고 본체이다. 그것에 4법계의 특징이 있다. 무애자재란 본체가 나이고, 내가 본체에 있기 때문에 최초로 성립된다. 그러나 '근본의 본체가 융통하여 나누거나 한계가 없다'란 융통은 걸림 없이 갖가지 생각을 일으킨다는 뜻이다. 따라서 융통은 물체를 비추거나 직관으로는 생각지 않는다.

거울을 직관적 의식이나 인식의 성격 속에서 취하는 비유라 생각한다. 거울은 융통성이 없다. 모든 것을 비추나 비추는 것에 구속되지 않는다. 본체가 하나가 되는 거울이 차별이나 여럿을 걸림 없이 비추고 두루두루 포용한다는 의미이다. 그러나 포용도 하나가 여럿을 포용하는 것이 자유롭지 못하면 참 걸림이 없다 할 수 없다.

우리들은 역사를 창조하면서 그 역사에 구속받고 있다. 보통의 세계는 자승자박의 세계이다.

역사의 큰 흐름은 옛것이 부서져서 새로운 형상(形相)을 만들어낸다.

플라톤이 이데아를 불변이라 생각하는 점은 여럿의 바탕에서 생각한 하나이기 때문이다. 그러나 우리들은 형상을 만들어 간다. 세월이 흐르면, 그 만들어진 형상이 형상을 만든 우리들을 방해한다. 그렇기 때문에 형상은 초월적・외재적인 것이 된다. 형상이 만드는 주체를 구속하는 것은 일정 기간 동안 연속적으로 이어가기 때문이다. 형상은 반드시 영속성을 갖는다. 그렇지 않으면 형상의 의미를 상실한다. 형상이 절대화되어 자신을 만든 생명을 구속하게 되면, 그를 만든 주체는 자유성을 상실하게 된다. 따라서
일체를 감싸는 모양〔형상(形相)〕이 그 감싸이는 모양에 의해서 구속되면 안 된다.

차별과 본체가 융통되고, 주체가 걸림 없는 자재성을 가져야 한다. 감싸이는 것이 밖에 있으면 감싸이는 것과 감싸는 근원이 달라 이원적이 된다. 그렇게 되면 자재성이 상실된다. 그렇기 때문에
감싸는 것과 감싸이는 것의 근원은 같아야 한다. 감싸이는 것은 감싸는 속으로부터 나온 것으로 차별은 본체에서 나온 것이다. 본체는 차별이 일어난 근본이고, 차별은 연기의 근원이다.

일반적으로 본체와 차별을 말하자면 본체는 능동적인 표현이고 차별은 표현되는 곳이다. 여기서 표현되는 곳이 본체를 표현한다면 상징적이 된다. 예술은 그와 같은 상징성을 띤다. 불상은 부처의 상징이다. 따라서 불상을 보면 부처를 느낀다. 차별 속에서 본체를 보는 것이 된다. 차별은 본체의 상징이 된다. 절대자에 대한 표현도 상징적이다. 세계는 신의 상징이다. 그렇지 않으면 우리들은 신이나 절대를 느낄 수 없다. 신은 체험을 통해 우리에게 나타나고, 그를 통해 그것을 넘고, 그 속에서 신을 느끼게 되는 것이다. 그렇게 되면 세계는 신의 상징이 된다. 그때 종교는 상징적이 된다. 절대자와 현실의 관계란 능동적인 표현과 표현되는 곳의 관계와 같다. 이런 경우 본체나 신은

객체적 주체가 된다. 표현되는 것은, 표현하는 것이 안과 밖 어디에 있든 객체적 주체이다. 절대자에 대해 상징주의라 말하는 것은 이런 표현 때문이다.

하지만 개개인의 현실 표현을 상징이라고는 생각지 않는다. 표현하는 것은 예술적 극작에서는 주체적 주체이다. 표현하는 것은 작가이다. 만약 표현하는 것이 객관적 주체이면 작가라고 할 수 없다. 작가의 절대적 의지를 생각하면 그것은 객체적 주체가 된다. 보통 예술에서는 표현자가 창작자이다. 그것에 객체적 주체를 세우면 작가는 이미 주체적 주체가 되지 못하므로 작가의 의미가 상실된다. 그림에는 그리는 작가의 표현 의지가 담겨 있기 때문에 그 작품을 통해 작가의 의지를 엿볼 수 있다. 이것이 바로 작품의 이해이다.

우리가 물건을 만들 경우 주체적 주체의 성격을 갖는다. 그러나 이러한 성격은 절대자의 경우는 생각할 수 없다.

만약 절대자의 입장이 예술가와 같다 하면, 시점이 현재가 아니면 안 된다. 만들어진 것이 아니라 만드는 것이 현재이어야 한다. 차별이 현실이 아니라 본체가 현실이어야 한다.

차별은 본체로부터 비롯되며 초월적·외재적인 의미를 갖는다. 본체가 초월적이 아니라 차별이 외재적·초월적이 된다. 본체가 주체이기 때문에 여기서 나타난 차별이 밖이 된다. 밖이라 해도 '두루두루 포용한다'처럼 본체와 차별을 자신 밖에서 만들어내는 것이 아니다. 만드는 것과 만들어지는 것을 나누어서 생각하기 때문에 차별은 본체 밖에 있다. 그러나 차별은 본체로부터 나온 것이기에 일체의 차별은 본체 안의 것이다. 세계는 여럿의 세계이지만 여럿이 하나를 내놓지 않는다. 일체의 여럿은 하나 속에 있다.

요컨대 하나 속에 여럿이 있는 것이지 하나 밖에 여럿이 있는 것이 아니다.

따라서 이 여럿은 자신 속에 있는 것이 된다.

'마음 밖(法)에 법 없다'는 나의 밖에 존재는 없다가 된다.

법(法)이 없다고 할 때의 법은 여럿이며 만물이다. 나 밖에 만물은 없다. '마음 밖에 법(法) 없다'의 법이 부처나 하나를 의미한다면, 마음이 부처라 할 수 있다. 본체로써의 나의 밖에 부처는 없다. 따라서 '마음 밖에 부처는 없다'가 된다.

하나 밖에 여럿은 없다. 불교에서는 하나와 여럿, 차별과 본체를 이와 같이 표현한다. 그렇지 않으면 화엄의 차별과 본체의 관계를 설명할 수 없다. 직관이나 표현만으로는 차별과 본체의 관계를 충분히 설명할 수가 없다. 차별은 결코 본체의 상징이 아니다.

차별 차별이 걸림 없는 법계는 차별이 본체의 단순한 상징이나 표현이 아니다. 개개가 원만히 이루어진 관계가 되기 때문이다.

물론 표현적 의미나 직관적 의미를 가지지 않는 것은 아니지만, 불교는 그것으로 다하는 것이 아니다.

8. 성기(性¹⁾起)

  화엄 4법계의 차별 차별의 걸림 없는 법계란, 단순한 차별이나 여럿의 세계가 아니다. 여럿의 세계가 있어 자신을 부정하지 않고 그대로 긍정하며, 여럿의 관계가 통일된 속에서 성립되는, 그런 세계가 아닌 것이다. 대개는 하나가 여럿을 포함하고 여럿이 하나를 포함하는 관계라 생각하지만, 이는 단순히 여럿의 차별 세계 속의 일이다. 이 세계에서는 본체가 분명하지 않다.
  이를테면 하나가 통일이라 해도 단순한 차별과 여럿의 세계라 여럿의 절대 긍정과 차별 차별이 걸림 없음에 이르지는 못한다. 화엄의 본체인 법계에서는 여럿이 부정되지 않으며, 현실 속에서 통일된 세계가 아니다. 차별 차별이 걸림 없는 법계처럼 전체적으로 긍정되려면 여럿이 절대 부정 됨을 전제로 한다.
  여럿의 절대 부정은, 그 부정으로 인해 주체적인 본체가 형성된다. 또한 주체적인 본체로 인해 처음으로 본체가 세계 속에 있

---

1) 성이란 우주 전체의 성질, 곧 근본 실체를 말한다.

음과 동시에 그것이 내가 된다. 따라서 본체가 세계의 근본으로 인해 나라는 참 종교 세계가 성립되는 것이다.

만약 세계의 근본은 있지만, 그것이 내가 안 된다면 화엄의 종교는 성립되지 않는다. 이럴 때 나와 세계의 근본은 둘이 된다. 그러면 화엄의 세계는 성립되지 못한다. 또한 근본과 내가 둘로 합일한다는 관계로는 화엄의 세계가 될 수 없다.

차별 차별의 걸림 없는 세계는 일체이며 여럿이기에 자신을 벗어나지 않아 세계의 사물이 나 아닌 것이 없다.

그럼으로써 처음으로 자유자재하여 걸림 없는 생활이 된다. 보통 형이상학적인 실재는, 우리와 따로 존재하는 것같이 생각되지만 따로 있어도 절대로 무관하지 않다. 형이상학을 우리들의 근본으로 생각하더라도 그와 같은 실재 역시 우리와 별개의 것이다. 그처럼 우리와 다르게 된 것에 의해 우리의 기초가 되고 있는 것이다.

우리의 행위와 실재 행위는 다르다. 신의 행위와 내 행위가 다른 것과 같다. 물론 이럴 경우 내 행위를 신의 행위처럼 종교적으로 생각하지만, 이 경우는 신과 나를 통해서 나타나든가, 신이 나를 그렇게 되도록 하는 관계이다. 신의 행위가 나의 행위, 나의 행위가 곧 신의 행위는 아닌 것이다.

화엄의 차별 차별이 걸림 없음은 신이 나를 부리는 것이 아니다. 나의 행위 이외 신의 행위는 없고, 신의 행위 이외 나의 행위는 없다.

내가 손을 들고 발을 내림에 있어서 신이나 부처가 나에게 그렇게 하도록 시키든가, 진여가 그렇게 시키는 것이 아니다.

어쨌든 그것에는 법(法)의 입장에서 보든, 부처의 입장에서 보든, 또는 본체에 대해서 보든, 보는 것이 남는다. 부처가 특별히 있어서 나를 그렇게 조종한다고 생각하게 되면, 즉 차별 속에 본체가 있어서 그 차별이 행위하도록 하는 것이 되면, 본체가 따로 남는 것이 된다. 손을 들고 발을 옮겨 놓는 것, 일상 생활의 차별적 행위는 여럿 속에 본체가 있어서 행위하도록 하는 것이 된다.

여기에서 본체라는 것의 잔해가 남는다. 이렇게 되면 부처는 어떠한 하나의 것, Etwas(무엇인가)가 된다. 신이나 절대자가 무엇인가 되어 나온다.

그러나 부처는 무(無)가 되지 않으면 안 된다. 무(無)가 본체이다. 따라서 어떤 행위가 있다면 불교의 본질과 다르다. 이런 점에서 불교는 신을 믿는 서양 종교와 다르다.

참 차별 차별이 걸림 없는 무엇인가의 별다른 본체는 없다. 참 본체가 없으면 차별 속이나 차별 밖에 본체가 있지도 않다. 차별과 본체는 참다운 일체(一體)일 뿐이다. 손 들고 발 떼는 행주좌와(行住坐臥)가 그대로 인정될 뿐만 아니라 궁극적으로 추구하는 종교가 거기에 있다. 만약 부처를 보고 법(法)을 보는 것에 본체가 있다면 우리 눈앞에 나타나지 않으면 안 된다.

같은 의미에서 본체를 무엇인가 있다고 생각하면 안 된다. 본체로 인해 우리가 움직인다든가, 우리의 기준이 된다고 하는 것은 궁극적인 표현이 못 된다. 차별은 본체이고 본체는 차별이기에 차별 이외 본체 없고 본체 이외 차별 없다는 것이 참 의미이다.

우리가 찾는 길, 불도(佛道)는 어떠한가. 행주좌와(行住坐臥)란 문자 그대로 풀어 보면 '배 고프면 먹고 잠 오면 잔다'는 의미로, 차별 차별에 걸림 없는 것을 드러낸다고 할 수 있다. 따라서 참 불자가 되면 이와 같이 된다. 부처는 그 어디에 따로 있는 게 아니다. 나의 일상 생활의 전부가 모두 둥글게 부처를 이룬다. 이것이야말로 좋은 환경이며 바람직한 생이다.

부처는 따로 존재하지 않는다. 매사 즐겁게 살아가는 절대이다. 그러나 절대라고 생각하면 부처를 보고 법(法)을 보는 것이 된다. 그래서 절대란 없다. 정토진종은 이러한 환경과 생에서 나온다.

부처는 존경하여 모시는 대상이 아니다. 퍽 친밀한 대상이다. 그러나 부처가 친밀하다는 것은, 역시 부처 이외에는 없다는 뜻이다. 부모 곁에서 아이들이 부모라는 존재도 잊고 기뻐하며 즐긴다. 그것이 참 부모이다. 내 부모 내 자식이라 생각하는 순간이미 자식과 부모의 일체감이 없어진다.

　미타가 있는 것을 잊고 즐기기 위해서는 미타를 뽑아 없애야 한다. 그것에 참 미타가 있다. 있다고 하는 것이 있으면 오히려 없고, 없는 것이 진정으로 있다. 신자의 주체적 입장이나 의식으로 볼 때 부처는 없다. 하지만 교리에서는 부처를 포함하여 구한다는 것이 엄연히 존재한다. 그것에 부처나 법(法)이 나 밖에 있고, 나의 일상 생활 이외 어떠한 행위로 있으면, 부처와 나 사이가 친하게 연결되었어도, 부처와 나는 달라 그 사이가 끊어진다. 이러한 끊어짐이 없어지고 자식이 부모를 잊어버려 즐겁다는 것은, 교리에 나타나면 나 이외 부처는 없는 것이 된다. 그리고 부처를 본다든가 법(法)을 본다는 것도 없는 것이 된다. 물론 그것은 나나 부처가 보는 것도 아니어서 궁극적으로 우리들이 지양하는 생활이 불교적으로 되어 차별 차별이 걸림 없는 대자유의 세계가 된다.

　　노래불법도망각(老來佛法都忘却)
　　독립한정수낙매(獨立閑庭數落梅)
　　늙어서 깨달은 부처님 법, 모두를 갈무리니 하나가 되고
　　한가히 뜰 앞에 나 홀로 서서 흩날리는 매화를 본다.

　노래(老來)는 자연의 생애에 도달한 곳을 의미한다. 이는 나의 자연적 생애인 동시에 세계의 상태를 뜻한다. 따라서 나의 일시적 의식 체험이 아니다. 차별 차별이 걸림 없는 법계는 여럿이 곧 하나, 하나가 곧 여럿인 참 세계이다.

　여럿의 세계 속에서 하나를 구하거나, 하나와 여럿이 서로 합일되는 것이 아니다. 하나 곧 여럿, 여럿 곧 하나에 대한 해석은 오늘날에도 충분치 못하다. 나의 생활 이외 하나 곧 여럿, 여럿 곧 하나라는 것은 없다. 곧 내가 하나가 되고, 여럿이 된다. 그렇지 않으면 관념적인 것이 된다. 단순한 철학이나 형이상학도 아니고 종교이다. 이러한 종교 속에 참 철학이 성립된다. 그리고 이러한 세계 속에 멋진 불교 모습이 있다.
　화엄의 4법계를 인생관이나 세계관으로 보아 나의 생활과 떨어진 것으로 관(觀)하면 잘못이다.

관법(觀法)으로 보는 것도 잘못이다. 4법계를 내가 관(觀)하고, 4법계의 하나 하나를 별도로 관(觀)하고, 그에 대해 하나 하나를 수행하면 법계를 대상으로 보게 된다. 그것은 화엄의 4법계를 모르는 것이다. 화엄의 4법계는 내가 대상으로 보는 것이 아니다. 오히려 법계가 법계를 관하고, 법계 자신이 스스로 깨쳐서 오직 부처와 더불어 부처가 같아서 법계와 더불어 법계가 되지 않으면 안 된다. 여럿 속의 하나 하나가 전체를 포함하며,

하나 하나인 나의 행동 속에 세계 전체가 흡수된다. 하나를 들어 전체를 흡수하고, 한 티끌을 움직여 우주를 움직이면 한 티끌 속에 세계가 들어 있다.

이는 가상적이 아니라 하나 속에 전체가 포함되고 전체 속에 하나가 포함된 관계이다. 이는 그대로 현실이다. 아니면 화엄은 단순한 추상적·철학적 흥미 본위가 된다. 화엄의 생명은 철학적 흥미 본위가 아닌 우리들이 살아가기 위한 관심사이다. 법계를 살려서 실천해야 한다. 4법계가 실제로 살아 있지 않고 그저 교의(敎義)·교리(敎理)로 논한다면 화엄의 세계는 송장과 같다.

차별 세계는 단순한 여럿의 세계, 현실 세계, 지금 있는 그대로의 세계이다. 지말 주체는 결국 개개의 주체가 성립된 세계이다. 차별로부터 본체로 방향을 돌리는 환원문이다. 요컨대

'끝을 섭수하여 근본으로 돌아감'

이다. 이는 차별의 주체성을 절대 부정한다. 절대 부정하여 근본으로 돌아가는, 그 돌아가는 본체가 주체가 된다.

현실 세계가 먼저 나오고, 본체 세계가 다음으로 나온다. 시간

적으로 말하면 차별이 먼저 있고 본체가 다음에 온다.

　차별인 무명이 본체에 들어오면 시각(始覺)이 된다. 그러나 차별이 절대 부정되면 본체가 시각이 된다.

　시각은 관계적이지만 깨침은 시간적이 아니다. 본체가 근본이기 때문에 본각(本覺)이다.

　본각은 세계 자체의 깨침이며, 시간·공간을 안으로 포함한 깨침이다. 그러한 세계가 근본 시간(時間), 근본 공간(空間), 근본 주체(主體)이다.

　차별은 본체로부터 일어난다. 성(性)의 근본으로부터 삼라만상이 일어나는 것이므로 성기(性起)라 한다. 차별이 본체로부터 일어나는 것을 알지 못하면 성기(性起)를 말할 수 없다.

　성기란 본체가 주체가 된다. 내가 본체이다. 연기하는 것은 무명이 아니고 번뇌도 아니다. 일체의 나의 행위가 무명이 아님은 내가 본체이어서 이 본체로부터 일체가 일어나기 때문이다. '일어나는 것은 반드시 모두 참이다.' 일어나는 것은 연기이지만 '모두 참이다'라고 할 때, 그것은 성기(性起)이다. 보통의 연기는 근본을 알려면
차별이 본체로부터 일어나면서 본체가 주체가 되어 있다. 결국 무명에 의해 업(業)이 발생하는 것이다. 일어난 근원이 깨치지 못하니까 무명이다.

　일어난 근원이 깨쳐야 됨은 본체가 나의 주체가 됨이 근본 조건이다. 거기서 나의 전체가 환원하지 않으면 안 된다. 실지(實地)에서 말단을 섭수하여 근본으로 돌아가지 않으면 본체가 나라 할 수 없다.

이 경우 본체가 없어 무엇인가가 아니다. 성기(性起)에서 본체는 없기 때문에 걸림이 없다. 따라서 '완벽하다'가 된다. 무엇인가 밖에 있어서 그게 완벽하게 됨은 최고의 뜻〔승의(勝義)〕의 '완벽하다'는 될 수 없다.

완벽하게 된다나 완벽하게 될 수 없다가 아닌 것이 참으로 '완벽하다'
이다.

능하고 능할 바가 없는 것이 완벽한 것이다.
일어남에 모두 참으로 일어나 능하고 능할 바 없어야 진실로 차별 차별이 걸림 없이 된다.

본체 밖에 차별 있는 것처럼 생각하는 성기(性起)는 없다. 성기는 본체와 차별이 모두 일체가 된다. 여럿이 동시에 하나가 되고 하나가 동시에 여럿이 된다. 이것이 '마음 밖에 법(法) 없다'이다. 나 밖에 일체의 것이 나오는 것은 없다. 이러한 세계가 불국토이고, 차별 차별이 걸림 없는 세계이다. 여럿의 세계를 벗어나 불국토가 있는 것이 아니다.

『법계의경(法界義鏡)』에 다음과 같이 기록하고 있다.

심심작불 무일심이비불심(心心作佛 無一心而非佛心)
처처성도 무일진이비불국(處處成道 無一塵而非佛國)
고 진망물아 거일전수(故 眞妄物我 擧一全收)

마음 마음이 부처를 이루면 일심이나 불심 아닌 것 없다. 처처에 도를 이루면 한 티끌이 불국 아닌 것 없다. 때문에 참과 거짓 물질과 나를 한 번에 모두 거두어들인다.

 심심작불(心心作佛) 처처성도(處處成道)란 '본체가 주체이기 때문에 일생일체생(一生一切生)이 되고 차별 차별이 걸림 없이 된다'이다. '마음'이란 우리 자신 속에 있기에 시간적으로 제한을 받지 않는다. 이러한 마음은 성립되는 것이 아니다.

참 본체를 철저히 하면 불심이 나오고 불국토가 나타난다.
 시간도 공간도 부처가 된다. 이에 대해서는 간략하나마 『벽암록(碧巖錄)』을 살펴보면 "오직 손가락 하나 세우는 것이 된다"에 잘 표현되어 있다.
 불교는 단순하다. 나무아미타불 하나로 수천만의 사람을 구한다. 만인이 그에 의해 구제 받으려면 단순해지지 않으면 안 된다. 그러나 그냥 단순한 것만이 아니다. 단순함 가운데 일체가 포함되어 있다. 아무 것도 아닌 것 같지만 일체를 포함한 것이 무(無)이다. 따라서 **무엇 하나 정함이 없고 아무 것도 아닌 행위로 제도(濟度)하지 않으면 안 된다.**
 차별 차별이 걸림 없는 것은 아무 것도 없으면서 무엇이든지 있는 것이다. 본체가 밖에 있는 것이 아니라 현재의 이 세계에 있는데, 역사 세계 또한 그러하다.

불국토는 초월하는 것이 아닌 나 속에 있지 않으면 안 된다.
 이렇게 역사와 종교는 연결된다.

9. 세계를 자기로 하는 나

 차별 차별이 걸림 없는 법계란 변화〔역사〕와 불변〔종교〕이 하나가 되는 세계이다.

 보통 종교와 역사는 떨어진 세계, 현실로부터 분리된 세계라 생각한다. 종교적 생활을 역사적 생활과 다르게 하면 종교적 생활과 역사적 생활은 반쪽만의 생활이 되어 전체를 구족한 생활이 못 된다. 보통 역사적 생활에서는 제아무리 만족한 상태가 되어도 비판해 보면 그것은 완전한 생활이 못 된다. 종교란 역사적 생활에 의해 필연적으로 발생하는 것이다. 따라서 역사적 생활을 근본적으로 비판함으로써 종교가 성립되는 것이다.

 오늘날 세계의 움직임을 보아도, 역사를 강조하여 현 생활에 인간의 온 힘을 쏟아 모든 흥미가 그것에 집중된다. 그런 역사적 생활에 의해 생명이 충족된다고 여긴다. 하지만 현실의 긴장 속에는, 이러한 것을 비판하는 것이 있다. 그것은 단순히 개개인의 역사적 생활에 대한 비판이 아니라 역사적 생활 전체에 대한 비판이다. 이 비판 속에 종교적 관심이 있다. 개별적인 비판은 종교적 비판이라 할 수 없다.

위대한 종교가는 개별적인 역사의 한 시기를 비판할 뿐만 아니라 역사 전체를 비판한다.

우리의 시간이나 공간은 하나로 한정되어 있다. 하지만 비판은 언제나 전체를 향해 간다. 거기에 종교적 비판이 있다. 부처나 그리스도에게도 역사의 전체적인 비판이 있다. 그에 이르기까지는 개개인의 애별리고(愛別離苦) 등이 계기가 된다. 이런 것들을 통해 전체적인 문제를 본다. 개인적 차원을 초월하여 시대 전체의 비판으로 이어지는 것이다.

종교는 시대 전체를 향한 근본적 비판에 의해 그 시대의 구세주로서 나타난다. 영원한 전체 속에서 시대를 구하며 간다. 하지만 이러한 비판이 오늘날의 시대에 맞는가 안 맞는가는 중요한 문제이다.

현실 문제에는 누구나 관심을 가진다. 하지만 우리들은 왜 그런지 모를 모순과 불안을 경험하게 된다.

시대에 순응하든가 아니면 시대의 비판에 따라가면 문제가 없겠지만 진정 안심할 수 있을까. 특히 문화가 발달한 시대에 비판 없이 안심하며 살아갈 수 있을까. 이것이 의문이다.

종교가 없으면 인간은 완전히 만족한 생활을 할 수 없다. 이와 반대로 현실을 무시한 종교 생활을 하는 경우도 더러 있는데, 은둔 생활이 그렇다. 이는 종교를 역사에서 구하지 않고 역사와 떨어진 시간·공간에서 종교 생활을 하는 것으로, 소승적 종교 태도이다. 이러한 것은 우리의 생활을 충분하게 만족시켜 주지 못한다. 역사와 종교는 하나가 되어야 한다.

역사적 생활이란 단순한 역사적 생활이 아니고 종교(삶의 본질)의 토대 위에서 이루어져야 한다. 우리의 역사에서 현실적이지 않은 종교적 생활이란 없고, 종교적 생활을 배제한 역사적 생활이란 없다. 그렇게 되면, 그것은 하나와 여럿이 한결같은 생활이 된다. 말하자면 화엄의 본체와 차별의 일여적(一如的)인 생활이 되는 것이다. 따라서 본체와 차별이 둘로 나뉘어져 합일하는 것이 아니다. 본체가 특별한 모습을 띠면서 차별 밖에 있는데, 그것이 차별을 지배해서는 안 되는 것이다. 전술한 바와 같이
부처의 입장에서 보고 법의 입장에서 보는 것이 없는 생활
이 되어야 하는 것이다.

여럿은 여럿이 되는 것이 하나가 되고, 하나는 하나가 되는 것이 여럿이 되는 것인데, 이것이 안 되면 안 된다.

그래야 처음으로 신과 인간, 부처와 중생이 일체가 된 생활이 된다. 따라서
부처가 현실을 향해 가는 생활이 아니면 안 된다.

이는 자신 속에 부처가 나타나는 생활이 아니다. 말하자면 부처와 사람이 일여(一如)가 안 된 생활, 즉 부처와 사람이 단순히 합일한 생활이라고 볼 수 있다. 또한 이러한 생활은 바로 부처의 입장에서 보는 것이나 법(法)의 입장에서 보는 것이 된다. 따라서 그것에는 참 부처나 법(法)이 없고 대상화된 객체의 부처나 법뿐이다. 무엇이 있는 것, 곧 '있다'이다. 이러한 것이라면 절대로 불교적인 부처나 신(神)은 될 수 없다.

부처가 무(無)나 공(空)이라는 것은 부처가 결코 대상적·객체적인 것이 아니기 때문이다.

차별 차별이 걸림 없다는 것은 결코 현실 세계를 긍정하는 것이 아니다. 단순한 현실 세계는 걸림이 있다. 걸림이 없다는 것은 현실의 차별 세계를 절대 부정하는 것을 근본 조건으로 한다. 절대 부정에 의해 환원하는 모습이 있다면 부처의 입장에서 보거나 법의 입장에서 보게 되어 참 부처나 참 법(法)이 못 된다.

　역사적 생활이라 하여 이것에서 벗어나는 것은 아니다. 하지만 단순히 역사적 생활이 아닌 것에 차별 차별의 걸림 없는 세계가 성립된다. 그래서 처음으로 역사의 토대 위에 일어나는 개개의 차별이 긍정된다. 결국 역사 속의 일체 사건이 절대적 의의를 갖는다. 그것이 항상 하는 가치이며 절대적 가치라는 것이다. 그에서 역사적 생활에 절대적 안심성이 부여된다.

ⓒ 임윤수

보통 역사적 생활에는 절대적 안심성이란 없으며 안심과 불안이 반반이다. 어떠한 안심에도 불안이 동반되고, 불안도 어느 정도 안심을 같이 하게 된다. 이것이 바로 불교에서 말하는 윤회의 생활이다.

현실이 고통스러운 것도 단순한 고통이 아니다. 단순히 고통이나 즐거움도 아니면서 고락이 있기에 고통이 현실의 진상이 된다. 안심과 불안은 이렇게 하여 현실 속에 고통의 근원이 된다.

이러한 진상을 꿰뚫는 것이 종교 입문이다.

이것이 없으면 종교는 있을 수 없다. 그것이 사람을 자각시키지 않는다 하여도 현실이다. 알고 모르고는 별개이다. 이런 것에 무지하면 인간성을 회복하기 어렵다. 인간의 뿌리 속엔 밝음이 없다. 역사 철학도 역사의 진상을 참으로 알려면 이렇듯 깊은 곳을 통찰해야만 한다. 이러한 깊은 곳을 모르는 역사 철학은 모두 허깨비이다.

참 역사적 생활은 종교가 아니면 안 된다. 현실 속의 깊은 곳을 알아 그것을 초월한 생활을 하므로 현실 생활이 절대 긍정이 된다.

살고 죽음에 이르는 것이 안심 생활이다.

그러한 근본을 가짐으로써 오늘날의 역사 움직임에도 절대 안심이 된다. 그렇지 않으면 불안한 생활을 하게 된다. 화엄의 걸림 없는 생활은, 역사가 종교를 자신의 뿌리 속에 가짐으로써 성립된다.

종교가가 어떠한 경우에도 동하지 않으며 항상 편안한 것은, 단순히 의식이 하나의 상태가 아니고, 참 세계의 진상을 철저히 했기 때문이다. 이러한 생활은 주관적이 아니라 세계의 근본적 원리에 기준한 것이다. 만약 그것을 느낄 때가 있다면 일시적으로 단순한 시간 의식에 지나지 않는다.

진정한 종교적 생활이란 개인의 의식 상태가 아닌, 세계적 근본 사실이 되어야 한다. 때문에 종교가는 세계를 자기 것으로 하지 않으면 안 된다. 내가 세계 속의 하나가 아니고, 세계가 그대로 나인 것이다. 세계가 나의 표현이 아니라 세계가 그대로 나 자신이다. 세계와 내가 하나가 된다. 세계가 나의 밖에 있으면 그만치 내가 구속을 받는다.

부처나 법(法) 역시 부처의 입장에서 보게 되고 법의 입장에서 보게 된다. 세계 밖에 내가 있으면 그것은 하나의 아견(我見)이 된다. 세계와 내가 대립하면 걸림 없는 생활이 아니다.

무애자재란 무아(無我)이다. 나를 둘러싸고 있는 세계에 자신을 전부 던져 버릴 수 있어야 무아가 된다.

그러나 나를 무(無)로 하여 자신의 절대 긍정이 되지 않고, 단순히 타(他)를 세우면 타만 있고 나는 없다. 이러한 무아는 참 무아(無我)가 아니다.

무아(無我), 말하자면 내가 무(無)가 됨은 자신이 절대적이 된다는 의미이다.

타력문(他力門)에서는 나를 던져 들어감을 강조한다. 도원(道元)의 『정법안장(正法眼藏)』의 「생사(生死)」에서 그와 같은 기록을 찾아볼 수 있다. 그러나 부처에게 나를 던져 부처에게 맡기기 위해서는 우리가 참나가 되지 않으면 안 된다. 타(他 : 너)가 자(自 : 나)이기 때문이다.

참 타력(他力)은 타(他)가 참으로 나인 것이다. 타(他)가 내가 됨은 타를 나누어 자신이 되는 것이 아니라 타가 즉 나인 것이다.

내가 나를 타(他) 속에 던지면 타가 내가 되는 것으로 생각하지만 이런 타는 내가 되지 않는다. 타(他)는 역시 타이기에 그것에서 내가 나오지 않는다.

그러나 나의 참 모습을 철저히 하여 참나는 타(너)이고, 타(너)가 본래 내가 되면 자(自)나 타(他)에 편중되지 않는다.

자(自)와 타(他)가 하나로 인해 전체가 된다. 이것이 진실한 무아(無我)이다.

무아(無我)는 절대 내가 되지 않으면 안 된다. 나의 절대 부정은 절대 자기 긍정이다.

그렇지 않으면 참 무아(無我)라고 할 수 없다. 불교의 본체란 이러한 것이다. 나는 '근본 주체'이며 근본 주체는 이러한 의미이다. 자(自)나 타(他)에 편중하여 주장하는 것이 없다. 타(他)는 타인 것이 자(自)는 자가 되므로 자(自)가 자인 것이 타(他)는 타라는 것이 참 무아(無我)이다. 참 타력(他力)이라면 이와 같지 않으면 안 된다. 오직 나를 버리고 부처를 따르는 것은 참 타력(他力)이 아니다.

도원(道元)의 「생사(生死)」에 "부처에 던져 들어가서"도 부처를 타자로 한 타력적(他力的) 생각이 아니다. 도원에게 부처란 자신이 되는 부처이다. 그것은 『정법안장(正法眼藏)』을 살펴보면 알 수 있다.

부처에게 던져 들어가서는 나를 해체하여 자신의 근원으로 돌아가는 것이다.

현실의 내가 본래의 나를 타(他)로 보고, 그것에 나를 환원하는 것

은 타 속에 던져 들어가는 것이다. 어디까지나 타(他)가 나와 대립하는 것이다. 요컨대

내가 너를 사랑할 때 내가 너를 사랑하니까 너도 나를 사랑해야 된다는 어떤 조건이나 계산이 있는 게 아니라 너에게 다 바쳐서 너에 녹아 들어가 너와 함께 하는 그런 사랑으로 타력적이지만 실체는 자기인 것이다.

『좌선의(坐禪儀)』에 '지관타좌(只管打坐) 신심탈락(身心脫落)'이라 하듯 부처에게 나를 던져 들어간다든가, 부처에게 맡긴다 함은 바로 신심탈락이다. 신심탈락에서 나는 무아가 된다. 여기서 참나가 나타난다. 그 참나 이외 참 부처는 없다. 현실의 여기에 부처가 나타나는 것이다. 어떠한 관념적·이상적인 것에 나를 던져 들어간다는 의미가 아니다. 지관타좌하여 신심탈락하는 것이 참 부처가 되는 것이다.

차별 차별의 걸림 없는 생활이 무아(無我)의 생활이다.

내가 부처에 의해 지배된다면 무아(無我)의 생활은 아니다. 차별 차별의 걸림 없는 생활이야말로 무아이다. 그것에 부처도 없고 사람도 없다. 이것이 바로 부처와 사람이 일체가 된 생활이다.

너도 나도 없는 생활, 그것이 동시에 너와 내가 같이 존재하며 일체가 된 생활이다. 걸림이 없는 생활이고 자연스런 생활이다.

부처도 없고 나도 없는 생활은 무종교가 아니라 그것이 참 종교이다. 부처를 따르는 생활은 궁극의 생활이 아니다. 차라리 부처에게 기도하는 것이 종교적 생활이다. 모든 부처와 사람이 일체가 된 생활은 보통의 생활과 다르지 않다. 그러나 차이점이 크다. 단순한 차별적 생활과 차별 차별의 걸림 없는 생활과는 근본적으로 다르기 때문이다.

선(禪)에서는 참 삶에 들어간 사람을 '바보와 같음'이라 말한다. 그러나 그것은 절대에도 향하지 않고 그렇다고 하여 단순한 상태에 멈

추는 생활도 아니다. '나의 행위가 그대로 긍정되는 궁극의 종교 세계'의 생활이다. 그것은 부처와 사람을 함께 잊은 생활이다. 그렇다고 단순히 세상을 무시하며 현실과 떨어진 생활도 아니다. 지금 말한 생활은 세계의 근원으로부터 나오는 절대 행위의 생활이다.

모든 시간과 공간이 그것으로부터 일어나 그것으로 돌아가, 과거에도 구속되지 않는 자유로운 행위, 그것이 업(業)의 뿌리를 끊는 행위이다.

보통의 역사적 생활은 과거에 구속된 것이다. 물론 과거를 부정하는 창조의 면도 있다. 과거의 모든 것이 공간적으로 전혀 구속당하지 않는 것은 보통의 역사적 생활에서는 생각할 수 없다.

업(業 : 과거 역사에 길들여진 습관으로 업을 끊는 것은 역사를 끊는 것이 된다. 즉 업을 끊으려면 역사를 끊어야 한다)의 뿌리를 끊는 것, 이것이 해탈이다. 과거에서 벗어나 일체의 시간이나 공간에 걸림 없는 주체이다. 일체의 시간이나 공간에서 벗어난 주체가 근본 주체이다. 이러한 주체는 역사 속에서는 생각할 수 없다. 그러나 이야말로 진정으로 창조의 근본 요소이다. 그런 까닭에 보통의 역사적 창조는 부분적 창조이다.

종교적 창조는 근본적 창조로, 없음으로부터 있음이 나오는 창조이다. 어떠한 역사도 절대적 없음으로부터 있음을 만드는 창조란 없다. 신의 창조는 이러한 창조이다. 그것은 시간 없이 시간을 만든다. 없음으로부터 있음이 나오므로 자유자재한 해탈이다. 무엇이 있어서 그것으로부터 무엇인가 나타나는 것이 있으면 종교적 창조가 아니다.

불교에서 해탈 생활, 업(業)의 일체로부터 탈각한 생활, 무한으로 없고 지식도 없는 여래장(如來藏)이다. 여래장은 공(空)이다. 시간적·공간적인 것의 일체가 그것으로부터 나타나는 것에 참 창조가 있다.

신이 세계를 창조하는 것은, 과거 시간 속의 창조가 아니고, 일체의 시간 밑바닥으로부터 나오는 창조이다. 창조는 현재에서 나온다. 현재는 시간적 현재가 아니고 무시간적 현재이다. 차별 차별은 무한한 창조 속에 존재하므로 근본 주체인 내가 세계의 주인이다.

10. 세계의 절대 혁명

'차별로부터 본체에'는 '중생으로부터 부처에'이고, '본체로부터 차별에'는 '부처로부터 중생에'이다. 말하자면 본체로부터 차별로, 차별로부터 본체로의 행위이다. 차별로부터 본체로 가는 궁극은 **차별 그 자체를 해체하는 것이다.**

차별이 자신의 입장을 유지하면서 본체로 향하는 것이 아니다. 차별이 자신을 해체하여 차별이 본체로 복귀하는 것이다. 본체는 차별의 근원이다. 그때는 중생이 부처에게 복귀하는 행위로 도덕적이지는 않다. 그것에 특별한 종교적 행위가 있다. 중생의 절대 자기 부정 행위가 그것이다.

보편적 도덕은 차별과 중생의 입장을 절대 부정하지 않고, 그 입장에서 성립하는 행위이다. 물론 부정이 없으면 도덕은 성립하지 못한다. 이는 상대적인 것이다. 절대적이라 해도 부정된 자신이 차별로서 연속한다. 그것에 종교와 도덕적 행위의 차이가 있는 것이다.

종교적 행위에는 위로 향하는 행위와 밑으로 향하는 행위가 있다. 부처로부터 중생에 나아가는 행위는 중생으로부터 부처에게 나아가는 행위와 다르다. 아래를 향하는 행위의 주체는 부처 자신이다. 중생이 위로 향하는 행위는 결과로서 부처가 되는 것이다. 그것에서는 부처가 목표이며, 부처 자신이 움직이는 것과는 다르다.

부처는 행위에 의해 얻어지는 결과이다. 그것이 부처로부터 중생으로 나아가는 방향은, 먼저 얻은 결과를 가지고 나아가는 주체가 되는 행위이다. 결과가 오히려 중생에게 방향을 돌린다. 중생을 건지고 중생을 부처가 되도록 하는 것이 오히려 결과가 된다. 결과가 인연이 되고, 인연이 되는 것이 결과가 된다. 화엄에서는 보살 위는 본체가 성(性)이고, 그것이 행위한다. 그 행하는 성품으로 인한 행위가 보살이다.

범부라 해도 본체의 성(性)은 같다. 오직 행위가 나오지 않는다.

본체만이 있어서 행위가 일어나지 않는다. 범부는 이러한 것이다. 범부에게 행위가 전혀 없다고는 하지 않지만 종교적 행위는 되지 못한다. 그것에는 선악의 있고 없음에 대한 구별로부터 나오는 것에 지나지 않아 선악의 옳고 그름, 있고 없음의 구별을 끊는 발전적 향상은 없다.

중생의 행위는 옳고 그름, 좋고 나쁨에 그친다.

따라서 이러한 행이 일어남은 아는 지식이 있어서 분별하는 것인데, 벗어나기 쉽지 않다. 또한 이러한 행위는 업(業)이 되고, 생사의 세계에 돌고 도는 행이 된다. 그렇기 때문에 절대 차별을 벗어나고, 여럿에서 벗어난 행위는 아니다. 여럿 속에는 허덕이는 것뿐이다. 그렇다고 하여 중생 속에 본체가 없는 것도 아니다. 본체는 차별의 근원이다. 본체 없인 차별도 없다. 그럼에도 불구하고 현실의 차별은 본래의 본체에 의하는 것이 아니고 차별에 의한다.

차별이 차별에 의해 있음은 지말 주체가 현실의 주체가 되었다는 것이다. 이는 근본 주체가 상실된 것이다.

일체의 행위는 지말 주체만의 행위이고, 자기 본래가 아닌 행위이다. 근본 주체에 의한 것이 차별하는 본래임에도 불구하고 지말 주체에 의하기 때문에 마치 차별만의 세계인 것같이 보인다.

이는 파도가 파도만으로 이루어진 것으로 생각하는 것과 같다.

개개의 파도가 개개의 파도를 주체로 하고 있다. 이것이 범부의 현실 세계이다. 그와 같은 것에서는 본체를 알 수 없다. 이것이 곧 무명(無明)이다. 무명에 특별한 체(體)가 있을 리 없다.

결국 파도 자신이 본래의 체(體)가 아님에도 불구하고 파도가 파도 자신을 체로 하는 것에 파도만의 세계, 물 없이 파도만이 성립되는 세계가 된다.

그것에는 여럿만이 있기 때문에 하나가 없다. 하나가 있다 해도 추상적인 하나이다. 이것이 중생(衆生), 말하자면 범부(凡夫)의 세계이다.

중생의 본질인 지말 주체를 해체한 후 근본 주체에 복귀하는 것이 불교적 향상(向上)의 행위이다.

파도는 물로 돌아가지 않으면 안 된다. 그때 파도에는 자성(自性)이 없다. 그래서 파도는 공(空)이다. 그러나 단순히 비고 비어서 고요적적한 게 아니다. 여기서 보통의 연기적(緣起的) 생각을 바꾸지 않으면 안 되는 점이 있다.

　연기(緣起)이기 때문에 공(空)이라 하지만 비어 있는 것으로부터 체(體)를 생각할 수 없다.

　이는 사물을 연기적(緣起的)이기 때문에 자성(自性)이 없다고 보는 입장이다.

　보통의 연기관은 보아 비추는 것만 있다.

　그것으로부터 사물이 일어 나오는 체(體)는 이러한 공관(空觀)이라고 할 수밖에 없다.

　전술한 바와 같이 파도가 본래의 물로 돌아갈 때 그 파도에는 자성(自性)이 없다. 물의 입장에서 보면 파도에는 자성(自性)이 있을 수 없다. 개개의 파도는 물로 돌아간다. 그래서 파도의 성(性)은 물이다. 따라서 성(性)이 없는 것이 아니다. 물이 성(性)이 되고 체(體)가 되기 때문에 파도에는 자성(自性)이 없다. 물의 체(體)가 차별의 세계에서 나온다. 체(體)의 행위에 의해 차별의 모양이 일어난다. 공(空)이 체(體)의 의미를 갖는다. 근본 주체를 공(空)이라 일컫는 것도 체(體)라 할 수밖에 없다.

일체의 것은 연기(緣起)이기 때문에 공(空)이라 하면 '체(體)'는 나오지 못한다.

체(體)는 시간적・공간적으로 한정된 것이 아니다. 오히려 자신 속에 시간・공간을 포함하며 또는 시간・공간이 성립되기 전의 것, 즉 무제(無際)가 된다. 일체의 근원이 되는 것이다.

그것은 체(體)이지만 단순한 체가 아니라 주체이다.

객체적 주체가 아니고 주체적 주체이다.

그것이 불교적 주체이고, 공적(空的)・무적(無的) 주체이다. 이러한 주체로부터 일체의 것이 일어난다. 공(空)도 그것이 주체로 있는 한 '있다'이다. 여기서 있다는 비어 있는 것과 모순되지 않는 '있다'이다. 요컨대 실(實)이라는 의미를 가진다.

연기(緣起)의 공(空)은 주체적 '있다'와 실(實)의 의미를 갖지 않는다.

불교에서 말하는 참 공(空)은 있는 것의 비어 있음, 비어 있는 것으로의 있음이 되는 것으로, 이것이 참 비어 있음이다. 있으면서 없고 없으면서 있음은, 있음 즉 없음, 없음 즉 있음이라 표현해도 그것은 있음과 없음의 합일이 아니다.

현실은 단순한 있음도 아니며 또한 없음도 아니다. 있고 없음의 합일이라는 주장을 내세워 '있음 즉 없음, 없음 즉 있음'이라 설명하는 경우가 있다. 하지만 그와 같은 것에 연연해서는 안 된다. 여기서 말하는 있음 즉 없음, 없음 즉 있음과는 전혀 다르기 때문이다. 이는 현실의 사물에 대한 해석이 아니다. 현실의 사물에 의해 일어나는 모습의 근원, 진상을 이와 같이 나타낸 것이다. 이 경우 있고 없음이 서로 합일하는 것이 아니다. 현실의 근원은 단순히 있다 없다로 나타내지 않는다. 있으면서 없는 것이다. 그것을 없다 하여도 모든 사물은 그로부터 일어나 단순히 비어 있음이 아닌 있음이 된다.

요컨대 있음에서 없음이 나오고 없음에서 있음이 나오는 것이다. 따라서 현실은 우리가 있다고 해서 있는 것이 아니고, 없다고 해서 없는 것이 아니다.

종교적 행위는 타인의 행위가 아니다. 타인의 행위에 의해 내가 부처가 되는 게 아니다. 이것이 행위의 기본이다. 도덕적 행위도 타인의 행위에 의해 자기가 허물을 받는 것이 아니다. 행위의 인과 필연은 자신에게 있다.

나의 행위는 내가 책임질 수밖에 없다. 때문에 나의 행위에 의해 도달한 결과는 어디까지나 내가 도달한 것이다.

차별로부터 본체로 나아가는 나의 행위가 있으며, 내가 도달한 본체는 내 행위의 결과이다. 그럴 경우 내가 본체에 접했다든가, 본체를 지식으로 증득했다든가 하는 것이 없고, 나와 내 행위에 대한 결과로 본체가 한 몸으로 둘이 아니어야 한다. 그렇지 않으면 파도로부터 물로 돌아가는 비유는 의미가 없다. 파도가 전체적으로 물로 돌아가는데, 그 물이 바로 나이다. 내가 본체를 체득하는 것도 단순히 지식이 아닌, 또는 나와 다른 것을 얻은 것도 아니다. 얻은 것과 나는 동일하고 전체적 하나이다. 이러한 의미에서 볼 때 행위의 전체는 개개의 내가 아니다. 파도가 어디까지나 파도로서 움직일 때는 참 행위로서 주체는 아니다. 파도는 물이 참 주체이다. 위로 향하는 참 주체는 본체 자신이다. 그래서 행은 문득 비약하는 의미이다.

내 행위가 참 행위가 되었을 때 그것은 내 행위가 아니고, 공(空) 행위가 된다.

그에 내재적인 것이 나타난다. 내재적인 것이 성(性 : 본질)으로 결국 공(空)이 불성이라 말하게 되고, 불성이 중생 속에 숨겨져 있다가 그것이 나타나는 것이 된다. 차별을 해체하여 본체가 되면 먼저 내재적인 것이 나타난다. 그러나 차별이 본체인 자신에 향한다라고 할 때에 본체를 외재적·초월적으로 보지만, 그것은 어느 쪽이나 같다.

본체는 차별의 내적이거나 외적인 것이 아니다.

안에도 밖에도 없는 것, 말하자면 안이나 밖도 끊어진 것이다.

이러한 것이 어떻게 나타나는 것일까. 본체를 외적으로 보면 본체로 나아가는 방법에 여러 가지 매개를 생각할 수 있다. 하지만 차별과 본체의 근본 관계는 지금까지 보아온 것과 같다. 불교의 행은 이러한 성격을 갖는다. 일반적으로 행은 보통의 도덕적 행을 말한다. 그러나 거기에는 공(空)이나 근본 주체는 없다. 이러한 의미에서 볼 때 지금까지 전술한 관계가 불교 특유의 것임을 알 수 있을 것이다. 요컨대

본체가 차별의 근원이다. 이것이 참 세계 생성(生成), 세계 생기(生起)의 관계가 되는 것이다. 본체로부터 일어나지 않는 차별도

없고, 본체 속으로 들어가지 않는 차별 또한 없다.

　차별은 본체 속에서 일어나지만 본체 밖으로 나가지 않는다. 본체는 차별의 근원임과 동시에 차별의 장소이기 때문이다.

　일어나는 것과 일어났던 장소가 별개인 경우도 있다. 보통 천지 창조를 만든 신과 만들어진 장소를 문맥상에서 보면 다르다. 신이 만든 장소는 시간적으로나 공간적으로 다르다. 만든 때는 과거이고 만들어진 곳은 일정하다. 만든 것이 만들어진 것의 밖에 있다. 일반적인 창조는 대개 이러하다. 만드는 것도 만들어진 것도 어느 시간과 공간에 한정되면서 양자가 다르게 나타난다.

　불교에서 말하는 만드는 장소나 때는 절대로 만들어진 장소나 때가 다르지 않다.

　이유는 만드는 것의 본체가 시간과 공간을 자신 속에 포함하며, 일체의 시간과 공간은 그것에서 일어나 그것에 포함되기 때문이다. 이는 근본 시간이나 근본 공간이라 일컬어야 한다.

　일체의 것은 그로부터 나와 그 속에 있고, 그 밖으로 나가지 않으면 그로부터 사라지고 만다. 일체의 생멸 변화는 본체 속의 일이다.

　생멸 변화하지 않는 본체가 생멸 변화하는 것이다.

　우리들의 생멸 변화는 이렇지 않다. 사바세계에서는 일체의 것이 유전한다. 그러므로 무상하며 빈 것이라 말한다. 그러나 이는 참 공(空)이 아니다. 참 공은 생멸 변화의 주체이고, 어떠한 것이든 그 속으로부터 나오기 때문이다. 그 본체 속에는 절대 우연이 포함된다. 보통의 우연은 상대적이다. 우리가 현재 알고 있지 않아도 계속 추구하다 보면 알 수 있는 우연도 있고, 불가사의한 우연도 있다. 하지만 보통의 우연은 필연에서 완전히 벗어나 있지 않다. 우연과 필연이 연결되었으며, 어느 한쪽이 이기거나 어느 한쪽이 진 것이다. 이것이 상대적 우연이다.

절대 우연이란 없음으로부터 있음이 나오는 것, 빈 것으로부터 있음이 나타나는 것이다. 모양이 없는 것으로부터 모양이 만들어지는 이것이 근본 우연, 절대 우연이다.

이 또한 혁명·혁신의 근본이다. 혁명은 혁명의 근거가 되는 과거 역사에서 일어났다. 이때 혁명은 과거를 부정하는 경우가 많다. 그래서 과거에 없었던 것이 일어나는 것을 우연이라 생각한다.

오늘날 발발하는 세계 전쟁은 큰 혁명이다. 인간의 의지로는 어떻게 할 수 없는 혁명이라 여긴다. 하지만 이는 절대 우연이 아니다. 중일전쟁이 우연히 발생했다고 치자. 그런데 돌이켜보면 어쩌면 필연과 어떤 목적이 있었기 때문에 일어난 것이 분명하다.

그 움직임을 합리적으로 이해하기 힘들다. 필연이라 하면 무엇인가 신비한 의미를 갖는다. 사람들이 하늘의 조작이라 생각하는 것이 그것이다. 이를 일종의 신앙으로 보아 필연이라 하지만, 합리적으로는 이해되지 않는다. 이러한 의미에서 볼 때 우리들이 생각하는 필연은 우연에 따른다. 우연을 일러 필연이라 하게 된다. 그와 같은 것은 절대 우연이 아니다.

공(空)이나 무(無)로부터 '있음'이 나타나는 경우의 우연은 절대성을 가진 절대 우연이다.

절대 우연의 기준이 되는 공(空)이나 차별에 대한 본체는 추상적인 이념이 아니다. 이념에는 주체적인 행위가 없다.

　무(無)나 본체(本體)에는 자신의 행위가 있다. 그것은 절대 우연과 절대 혁명의 주체가 된다. 절대 혁신, 절대 갱신은 이러한 본체에 의해 처음으로 가능하다.
　따라서
악(惡)이 변해 선(善)이 될 수 있다. 선악을 포함한 악(惡)은 불교적 선(善)으로 변화한다. 번뇌가 굴러서 열반이 되고, 생사가 굴러서 해탈이 되고, 업(業)이 굴러서 부처의 행이 된다.
　이러한 큰 전환은 세간에서 말하는 혁신이나 갱신으로는 도저히 있을 수 없다. 혁명은 절대 혁명으로 본체를 기준으로 한 것이다.
　회심(回心)은 절대 혁명이다.
　일체의 옛것이 변해 새로운 것으로 된다. 섣달 그믐을 보내고 신년을 맞이하는 것과 같이 일체의 옛것을 끊어버리는 것이 아니다. 일체가 새로운 것이다. 일체의 번뇌를 끊고 보리를 얻는다. 이것이 대혁명이다.

세계의 절대 혁명, 사물의 향상에 새롭게 되는 근본 원리가 공(空)이다. 과거의 일체는 물론 현재도 미래도 포함하지 않는 공(空)이다.

이는 성질상 청정 본연이라 한다. 번뇌가 사라진 생활, 업(業)이 끊어진 생활은 날마다 새롭다. 청정 본연을 주체로 하여 날마다 새로울 뿐이다.

자신을 만든 것에 구속되지 않고, 자신이 만든 것에 구속되지 않는다.

만들면서 만들어지지 않음이 거기에 있다. 이러한 주체적 행위가 생멸이고 생사이다. 본체가 주체로서 가능하게 된다.

본체가 근본 주체가 되는 곳에 역사의 종교화, 역사가 불생불멸 되면서 역사의 변화가 가능하다.

업(業)의 뿌리를 끊는 생사, 불생불멸의 생멸, 그것이 참 역사이다.

부처가 역사를 꾸미는 것이다. 불교의 역사관은 이렇게 성립된다. 이러한 불교의 역사관을 바탕으로 윤회를 주장하는 것이다.

서양의 역사를 보면 미래에 종말이 있고, 최후의 심판이 있다. 물론 그것은 단순한 역사가 아니다. 이는 신앙에 의한 역사, 최후의 심판이 역사를 부정하는 것으로 간주하므로 종교적 역사관이 된다. 그러나 여기서는 역사가 종교가 되고, 종교가 역사가 되는 일은 일어나지 않는다.

　불교의 종말은 시간상 미래에 있는 것이 아니고, 일체의 시간이 종말인 동시에 종말을 지나고 있는 역사가 된다. 지금 여기가 종말의 순간이다. 지말 주체가 근본 주체에 환원하는 순간이다.
　그때의 행위는 근본 주체가 되는 본체 행위이다. 본체 세계가 참 세계이다. 본체 세계가 역사의 결함이나 불안을 해소한다. 그런 역사 세계가 참 법계이다. 이것이 불교의 역사관이다.
　이러한 진실 세계를 사람들에게 알려주고, 사람들로 하여금 주체가 되도록 하는 것에 부처가 중생을 위해 교화하는 하향(下向) **행이 있다.**
　보통의 하향 행이란 부처가 이러한 세계의 진상을 알려 그것에 사람이 이르도록 하는 것으로 생각한다. 그러면 부처가 중생을 구제하려는 자비행에 멈춘다. 그것은 부처가 역사의 근원이 되고, 법계를 일으킨다는 것과는 다르다. 본체로부터 차별이라는 것도, 역사의 주체화라는 것도 이 세계의 참 모습을 말한 것이다. 그 실상으로부터 위로 향하든가 밑으로 향한다. 그 실상을 가르쳐주는 존재가 부처가 된 불(佛)이다. 그것이 부감응기(赴感應機 : 본체에 의한 기틀에 따라 응하여 나타남)이다. 부처의 원(願)은 여기서부터 일어난다. 그렇기에 부처의 원을 단순히 인격적으로 생각하기 쉬울 것이다. 하지만 이는 깊이 생각한 것이 아니다.

부처의 부감응기는 본체가 차별이 되고, 하나가 여럿을 낳는다. 차별이나 여럿이 부감응기의 계기이다. 반드시 인간의 모양을 갖춘 것만이 부감응기가 아니다. 따라서 일체의 사물이 부감응기이며, 무생물도 부감응기이다.

산의 빛깔도 부처의 빛깔로 말하고, 냇물 소리도 부처의 소리로 들린다. 이는 상징적 감정 표현으로 보이지만 사실이 그렇다. 오직 사실을 말하는 것뿐이다.

우리들이 인격으로 생각하는 것 같은 부감응기가 얼마든지 본다. 하나의 티끌이라 해도 부감응기가 되지 않으면 안 되는 것이 부처의 자비이다. 인격적으로 모양을 갖추지 않은 것이라 해도 설법하고, 그것이 부감응기라 생각하는 것도 한 장면이다. 좋은 것도 나쁜 것도 부감응기여서 선악을 초월한다. 악(惡)이 되는 것도, 부처에게 향하는 절대 반성이 된다. 옳고 그름, 좋고 나쁜 것도 부처의 부감응기여서 경중의 차가 없다. 선악이 함께 부감응기라 보여질 때 부처의 자비의 보편성이 된다. 털끝 하나에도 부처의 일체가 나타난다. 백억의 털끝에도 부처가 나타난다. 물체가 부처 아닌 것이 없다. 구하는 길은 정해진 것이 없다.

해탈의 길은 정해진 게 아니다. 일체의 길이 부처로 통한다.

8만 4천 번뇌 모두가 부감응기이다. 이는 모두 본체로부터 일어난다. 본체로부터 일어나면서 번뇌는 전술한 무명과 같다. 8만 4천 번뇌가 부감응기라 하면 본체의 자비도 같다. 초목도 같음은 말할 필요도 없고, 도(道)를 이루는 것은 당연하다. 한 사람이 출가하면 9족이 구함을 얻는다 함은 세계가 불국토가 되기 때문이다.

11. 절대 분노

향상문(向上門)은 환원문(還源門)이고, 끝〔支末〕을 취해 근본에 돌아간다.

이것이 절대 부정의 입장이다. 반면 향하문(向下門)은 본체로부터 끝을 일으키는 것으로 기동문(起動門)이라 한다.

이는. 절대 긍정의 입장이다.

불교의 참다운 세계는 절대 긍정, 말하자면 기동문(起動門)이다.

본체로부터 끝을 일으키는 것이 불교 세계이다. 따라서 지말을 부정하고 부정하(부수어서 없애 버림)여 근본으로 돌아간다. 근본에서 차별세계(지말)를 긍정하고 긍정하여 전체로 한다.

인간 세계는 현실의 역사 세계이며 환원문이 없다. 결국 절대 부정의 방향이 없다. 역사 철학에서 절대 부정이란 불교의 환원문과 같은 것이 아니다. 그것은 참 절대 부정이 아니며, 상대적 부정에 지나지 않는다. 주지하다시피 상대적 부정과 절대 부정은 다르다.

역사 철학에는 주체적인 절대 부정이란 없다.

　이러한 점이 보통의 역사 철학이나, 차라리 천진한 것이다. 매개라 하여 직접성을 갖지 못한다고 하면 보통의 역사 철학은 매개체도 없으며, 직접성에서도 벗어나지 못한 것이다.

　참 매개, 절대 매개는 불교와 같이 절대 부정, 끝을 섭수하여 본원으로 돌아가는 것이다.

　역사 철학에서는 모순을 끝이 다하도록 할 수는 없다. 하지만 불교는 절대 부정에 의해 모순을 끝이 다하도록 할 수 있다. 모순을 끝이 다하도록 현전하지 못하면 구체적인 절대자, 하나에 이를 수가 없다. 때문에 절대적·구체적인 앎은 성립되지 않는다.

참 철학이란 절대 앎이다.

앎이란 구체적 내용을 확실히 한 것이다. 이러한 점에서 불교의 본체는 참으로 절대적인 앎이라 할 수 있다. 불교에는 무명이 있다. 무명은 현실의 일체 앎의 근원이 되고, 무명에 의한 현실의 앎은 참 앎이 아니다. 이는 불교에서 말하는 본체가 현실의 절대 부정을 나타낸 것이다.

현실이 무명을 기준으로 하는 것은, 현실이 절대 부정 되지 않았기 때문이다. 크게 죽는 것, 그것이 참 앎에 이르는 근본 조건이다.

그 같은 절대 부정을 통해서 절대 통일에 이른다. 절대 통일도 단순히 일체를 고요한 것으로 통일시키면, 이러한 통일은 역사의 근원이 될 수 없다. 고요한 통일, 그것에서 무엇인가 새로운 탄생의 창조는 기대할 수 없다.

태어나든가 만드는 것이 성립되기 위해서는 통일이 고요함이 아니라 일체의 것이 탄생되는 근원이 되어야만 한다.

또한 동적인 것이 되지 않으면 안 된다. 대개 '있다'고 하는 것은 모두 그것으로부터 나오지 않으면 안 된다.

그러나 불교의 본체는 방금 말한 의미도 갖는다. 일체 것의 여래창고〔藏〕이다. 여래창고란 단순히 일체의 고요함을 감싸서 통일하는 것이 아니다.

종자라는 의미를 가진 여래창고
이다. 따라서 그것으로부터 없던 것이 나온다. 현존하지 않는 것이 현존하고 있다. 이 통일된 하나는 한없이 일체의 것을 생성시키는 여래창고이다.

역사란 우리가 예상치 못한 일이 발생하며 우연히 일어난다. 그 근원에는 우리의 필연으로는 통제할 수 없는 것이 있다. 절대적인 것, 절대 우연이라 해야 할 것이 거기에 있다. 그러면서 그것이 새로운 것의 기준이 된다.

여래창고의 한 쪽은 절대 우연의 성질을 띤다. 또는 절대 새로운 의미도 갖는다. 절대 우연이란 절대 법칙이 없는 성질을 말한다. 이렇게 법칙 없는 성질은 자유자재가 된다. 보통의 법칙 없는 성질은 단순한 법칙에 대한 법칙 없는 성질이며 상대적이다. 그러나 **여래창고의 법칙 없는 성질은, 일체의 과거에 구속되지 않고 새로운 것을 날마다 탄생시키는 행위이다.**

그로부터 태어난 것이, 말하자면 개인의 물체이다. 개인은 절대로 보편이 되는 여래창고를 구속하지 않는다. 여래창고는 항상 물체를 만들면서, 만든 것으로부터 자유롭다. 대개는 만든 것이 만들어진 것을 구속한다.

하지만 만든 것이 만들어진 것을 구속하지 않으면서 날마다 새로움이 아니면 안 된다. 만들어진 개인 물체〔個物〕는 지말 주체이다. **지말 주체는 생멸하는 것이며 불교의 주체가 아니다.**

지말 주체의 세계는 생멸 윤회의 세계이다. 불생불멸은 태어나면서 태어나는 것에 구속되지 않고 자유롭다. 그렇지 않으면 진여가 될 수 없다.

여래창고는 진여나 본체에 지나지 않는다. 여래창고는 물건을 만들지만 만든 것으로부터 벗어나 있다. 그래서 해탈체(解脫體)라는 의미를 지닌다.

해탈이란 현실의 일체로부터 떨어져 무관계가 되는 게 아니라 현실의 일체가 근원이 되면서 일체로부터 자유로운 것이다.

이러한 해탈체는 나와 하나가 된다. 해탈체가 나로부터 벗어나면 참 해탈체는 아니다. 해탈과 나는 참 하나가 되지 않으면 안 된다.

여래창고는 이러한 의미에서 '나'이다.

여래창고는 나이며 주체이다.

객체적 주체가 아니고 주체적 주체이다. 이러한 여래창고가 진정으로 새로운 것을 만들어내는 기준이 되며 창조의 근원이 된다. 그 창조를 더욱더 철저히 하여 과거의 일체를 부정하면 없음으로부터 새로운 '있음'이 나온다. '있음'에서 '있음'이 나오는 것은 참 창조가 아니다.

만들어진 것에 의해 이루어진 법칙은 일상을 통제해 간다.

그것이 일반적인 생활이다. 대개 일반적인 합리성은 거기에서 성립된다. 그리고 우리 삶의 기준으로 삶는 법칙이 된다. 요컨대 그 법칙에 의해 우리가 행위하는 것을 보통 합리적이라 일컫는 것이 그것이다. 사실 역사에서도 법칙에 의해 통제할 수 없는 사실이 일어난다. 이성적으로 생각해도 그것은 비합리적이다. 역사적으로 큰 변동이 일어날 때 우리는 비합리성에 직면한다.

비합리성이란 합리성에 대립하는 것이다. 반면 합리성이란 부여된 것을 흡수하는 것이다. 이렇듯 비합리성을 매개로 하되 그것을 포함하며 전진하는 것은 합리성의 입장이다. 그러나 참 비합리성은 단순히 부여된 것이 아니라 합리성의 배후에 있다. 일반적으로 합리성 앞에 비합리성을 부여해 놓고 있지만, 비합리성은 오히려 합리성 뒤에 있다.

'뒤'란 무엇인가? 합리성에 의해 합리적으로 통제될 수 없는 것, 여래창고의 절대 우연성, 절대 새로움 등이 그것이다.

그러면서 이것이 비합리성의 깊은 근거가 된다. 이렇게 되면 비합리성 속에 합리성이 아닌 것과 혼동되는데, 합리성이 아닌 것은 합리성 속에서 해소되어야 한다. 비합리성은 합리성이 아닌 것이 된다. 이러한 비합리성은 무엇 때문에 일어나는가.

자신이 만든 것에 자신이 구속되는 것같이, 만들어진 것이 만드는 것을 구속하는 것에 비합리성의 근원이 있다. 최초로 합리적이라 생각한 것이 자신을 부정해 가는 데서 비합리성이 나온다. 합리성의 배후에서 합리성을 부정해 가는 것도 비합리성이다.

지식인은 합리주의자이다. 합리적이지 못한 것을 인정하지 않으며, 또한 허용하지도 않는다. 비합리적인 것은 받아들이지 않지만 부여된 것으로 우리들을 압박한다. 그러나 그럴 경우 우리들은 무엇인가 **과거에 인식된 법칙에 구속되어 있다.**

결국 이미 결정된 법칙을 그대로 인식하고 있는 것이다. 내가 살고 있는 집을 임시 빌려서 사는 집이라 생각지 않고, 그 집에 있지 않으면 절대 안 된다고 생각하고 있는 것이다. 요컨대 몸뚱이도 잠시 빌려서 사용할 뿐이다.

인간은 법칙을 만들고 그것에 얽매인다.

만든 법칙을 준수하는 것은 당연하다. 하지만 그 법칙과 자신을 동일시하고 있지 않는가. 일반적으로는 내가 그렇게 되어 있다.

 옳고 그름의 선악으로 사물을 판단다. 그 판단은 우리들이 만든 법칙에 기준한다. 선악의 내용이 어떠하든 한정된 선악에 의해 사물을 보고 통제한다. 우리는 그러한 규범 속에서 살아가는 것이다. 그런 것은 여래창고의 한정 없는 깊이라든가 자재성(自在性)에서 보면 부정되어야 한다.
 불교에서 옳고 그름, 좋고 나쁨을 끊은 생활을 무분별, 무위의 생활이라 한다. 이는 선악의 진위로부터 벗어난 자유로운 생활을 일컫는다.
 참 해탈체는 일체의 규범이나 법칙으로부터 자유로우면서 자신으로부터 법칙을 만들어간다.

만약 그 법칙이 자연의 순리에 순응하지 못한다면 본인 스스로 비합리적이라 여겨 생활에 적용하면서 나타난다. 그것이 자신으로부터 법칙을 부수는 근본 생명이다. 역사도 이러한 것을 주체로 함으로써 진정으로 이해되는 것이다.

일반적으로 역사란 합리와 비합리로 이원적이며, 비합리를 설명하지 못한다. 비합리는 역사의 큰 계기가 된다. 그리고 역사의 전환이 이루어질 때는 반드시 비합리가 큰 역할을 한다. 판단할 수 없는 데도 구속됨이 없으며, 합리성을 꺼려하지 않고, 정복하면서 자신을 나타내는 것은 인간의 심연이다. 비합리를 합리적인 인간에게 단순히 부여한 것만으로 생각해서는 안 된다. 비합리성을 긍정하고 합리적인 인간과 법칙을 부정하며 합리성을 초월하여 새로운 합리성을 창출해내면, 인간의 심연으로부터 새로움이 나온다.

합리성보다도 더욱더 합리적인, 합리적인 인간보다도 더욱더 합리적인 비합리가 있음이 바로 불교의 여래장(如來藏)이다.

분별을 끊는다 해도, 우리가 알 수 없는 불가사의한 지(智)이거나 타자가 아니다. 그것이 오히려 나일 때 비합리성의 가치가 있다. 우리가 알 수 없지만 믿어야 됨은 있어서는 안 된다. 인간의 근원에 있는 비합리를 확실히 알 수 없다든가, 불가사의하다 함은 합리성의 입장에서이다. 따라서 그러한 것으로는 가치를 알 수 없다. 비합리가 합리보다 가치가 있음은 비합리가 합리의 배후에 있으며 합리의 근원이기 때문이다. 불교는 그런 점에서 서양 철학이나 신학과도 또 다르다.

비합리를 비합리로 나타내는 불신(佛身)은 부동명왕(不動明王)이다. 불교에서는 부동(不動 : 불법의 수호신)을 부처의 분노로 나타낸다.

분노는 비합리성을 띤다. 이 분노가 절대적이 되는 것, 결국 절대적 분노는 개인을 근본적으로 부정한다. 또한 부동은 인간 일체를 절대적으로 부정한다.

시작 없이 비롯된 인간의 업(業)이 절대 부정 됨으로써 비합리에 절대 비합리성이 있는 것이다.

절대 비합리는 우리의 모든 힘을 부정한다. 지말 주체의 힘을 절대 부정한다. 그것을 상징하는 것이 부동명왕이다. 절대 비합리는 인간 자신을 절대 부정하여 세월에 자기 자신을 전체적으로 나타낸다. 그와 같이 절대 부정을 통해 여래창고는 언제나 주체가 된다. 그것은 모든 시간·공간에서 주체이며, 세계를 절대 긍정의 세계로 이끌며 나아간다. 이를 우리의 생활로 표현하면 부처 속의 삶이 되는 것이다.

일체의 것이 자신의 내부로부터 나오면서 자신은 불생불멸이 된다. '태어난다'고 할 때 보통의 지말 주체에서는 시작과 끝이 있다. 하지만 **근본 주체에서는 언제나 현재이다. 과거, 현재, 미래가 그 속에 있는 현재이다.**

태어날 때에는 체(體)를 가지고 태어나고, 멸할 때에는 체를 가지고 멸한다. 그러한 것은 단순한 역사적 생명과는 다르다.

오히려 역사의 근원이 되는 생명이다. 보통의 역사는 절대 부정됨으로써 참 역사가 될 뿐만 아니라 매개가 없는 직접적인 것이 된다. 따라서 절대 부정을 통해 절대적인 역사가 성립되는 것이다.

제 4 장

참 종교를 찾아서

종교란 절망으로부터 절대적으로 구하는 것이다.

　종교는 이미 절망으로부터 완전히 탈각한 것이다. 따라서 절대 죽음으로부터 탈각함으로써 참다운 종교가 다가온다. 그것은 인간의 절망을 완전히 구해 준다.

　그리스도교에서는 구세주가 구원의 주인이다. 우리들은 신에 의해 절대적 절망으로부터 구원 받아 그것에서 절대적으로 안심을 얻으며 생활할 수 있다.

　불교에도 같은 형태가 있다. 그 중 가까운 것이 정토진종(淨土眞宗)이다. 정토진종이란 미타의 구원을 믿는 것으로, 극악(極惡)으로 깊고 무거운 죄의 절망에서도 구해 준다는 가르침이다. 따라서 정토진종의 신자는 이미 자신의 의지는 하나도 없고, 어디에 기댈 힘도 절대 없고, 오직 미타의 불가사의한 힘에 의해서만 절대적으로 구원받는다는 것이다. 그로 인해 절망으로부터 탈각하기 위해 오직 미타에 맡긴다.

　미타는 절망에 빠진 우리들을 구하기 위해 그 방법을 제시했다. 미타는 인간의 절망을 꿰뚫어 보고 자비심으로 불쌍히 여겨 인간을 그로부터 구해 주겠다는 본원(本願)을 세웠다. 그런 후 자기가 먼저 그것을 성취하고 믿으면 틀림없이 구원된다는 것을 우리에게 보여준 것이다. 그래서 우리는 그가 한 대로 믿어 오직 미타에게 맡김으로써 새로운 생명을 얻는 것이다. 이것이 미타로부터 얻은 생명이므로 삶과 죽음을 넘어선 것이다.

　인간의 생명이란 생사 윤회하는 것이다. 하지만 미타로부터 물려받은 생명은 극악하여 깊고 무거운 죄도 없을 뿐 아니라 생사도 없다. 또한 무상도 없다. 절대적으로 그러한 것으로부터 구해질 뿐이다.

　이와 같이 정토진종에서는 가르치는데, 이러한 점을 봐도 정토진종은 겉으로 보기에는 서양 종교와 흡사한 점이 많다. 서양 종교에서도 신은 절대 타자이지만, 절대 타(他)인 신의 힘은 타력이다. 정토진종의 미타의 힘도 타력이다. 이러한 것만을 생각한다면, 서양 종교 뿐만 아니라 불교도 포함된다고 생각할 수 있다.

ⓒ 임윤수

1. 나를 절멸한 후에 다시 태어남

종교란 무엇인가? 사전적 의미로는 '초월적 절대자 또는 신성시하는 대상을 경외(敬畏)하는 신념 체계를 기반으로 하여 신앙(信仰)·기원(祈願)·예배(禮拜)의 행위로써 구제·축복·해탈을 목적으로 하는 문화 현상의 하나'라는 뜻이다.

이에는 대개 그리스도교의 신과 불교의 부처가 포함된다. 일반적으로는 신이라는 말로 대표되며 신의 사랑으로 안심하고 생활하는 게 종교적 생활이라 생각한다. 따라서 그와 같이 생각하는 종교 학자도 많으며 그것이 종교의 궁극이 된다고 믿는다. 그러나 그것만으로는 참다운 종교가 성립될 수 없다. 다시 그것을 넘어선 종교가 참 종교이다.

인간의 삶의 방법은 절망의 구렁텅이에 빠진 자신이 그 절망의 절대 죽음으로부터 다시 살아나 새로운 자기의 힘에 의해 탈각하는 것이다. 결국 절대적 부정이 다한 곳에서 새로운 절대적 힘이 다시 살아난 경우이다.

비유를 하면 이렇다. 절대절명의 물 속에 빠져 더 이상 어떻게 할 수 없는 상태에서, 그 절망으로부터 헤엄쳐 나오기 위해 자신한테서 솟구쳐 나오는 새로운 힘만 의지할 뿐 다른 힘을 빌리지 않는 것이다. 이를테면 그 큰 죽음으로부터 다시 살아난 자신의 힘에 의해 자유자재하게 헤쳐 나올 수 있는 것이다. 우리가 다른 힘에 의지하여 헤엄치는 것은 자주적 자재성(自在性)이 없는 것이다. 절대적인 신이 도와주는 손이 있다 해도 그것은 다른 힘이다.

참 구원이란 철저한 해탈이다.

임제가 말하는 바와 같이

홀로 벗어나서 의지할 데가 없는 것이 아니면 안 된다.

참 생활이란 절대로 혼자서 헤엄치지 않으면 안 된다. 남에게 의지하여 헤엄치는 것은 정말로 위험하다. 혼자서 헤엄 칠 수 없다면 빠져 죽을 수밖에 없는 보통의 운명적 인간과는 전혀 다르다. 무릇 자신의 힘은 크게 한 번 죽는 것을 최고의 고비로 하여 그것에서 처음으로 다시 살아나는 데에 있다. 그렇지 않으면 참나라고 할 수 없다.

불교에는 참나 이외에 부처라는 게 없다. 임제는 이러한 사람을 참사람이라 이른다.

불교에서 말하는 해탈이나 구원은, 이와 같이 이미 다른 힘이 필치 않은 사람을 말한다. 스스로 위험 없이 자유롭게 헤엄쳐 절대 빠질 염려가 없기 때문이다. 그러므로 해탈한 자는 이미 절망으로부터 벗어나 새로운 자주적 생명의 힘으로 살아간다.

실은 이러한 힘 이외 부처의 힘은 없다. 부처의 힘은 크게 죽어 절멸한 후에 자기의 힘으로 다시 살아난 것이다.

따라서 일반적으로 말하는 육체적 죽음과는 다르다.

　참으로 깊은 의미의 죽음이란 우리의 육체적 생사와는 관계없는 절대 죽음을 말한다.
　다시 말해 절대적 절망을 스스로 느끼게 되면 그것이 크게 죽음이 된다. 그래서 그 죽음으로부터 다시 살아나온 것이 참나인 것이다. 이때까지의 헛되어 거짓된 나로부터 탈바꿈하지 않으면 무상하게 죽어가는 자신을 지켜볼 수밖에 없다.
　그렇기 때문에 세상이 헛되고 거짓되어 무상하다든가, 또는 죄악생사(罪惡生死)인 나를 불교에서는 진실한 나로 보지 않는다. 그러한 나란 번뇌나 무명으로 둘러싸인 나다. 참나는 그렇게 무상이나 번뇌로 둘러싸이지 않는다.
　선(禪)에서는 "생사가 없다"고 말한다. 생사가 없음은 결코 통상적인 의미가 아니다. 그것은 언제까지나 살아 있다는, 시간적으로 오랜 수명을 갖는다는 의미가 아니다.

생사가 없다는 것은, 태어남이 없다는 것이고, 태어남이 없으므로 죽음도 없다는 것이다. 그것이 영원한 참 생명이다.

미타를 무량수여래(無量壽如來)라 일컫는다. 무량수란 시간적인 의미가 아니다. 시간적이라면 반드시 언젠가는 멸해 사라지지 않으면 안 된다. 몇 만 년 산다 해도 언젠가는 죽게 된다. 참 무량수란 죽음이 없을 뿐만 아니라 태어남도 없다. 따라서 부처는 태어남도 없고 죽음도 없다고 말하는 것이다.

대개 생사에 얽매이는 사람은 이 말뜻을 알지 못한다. 그러나 생사에서 벗어나면 오히려 생사가 있다는 것이 이상할 정도이다. 생사가 없는 내가 일체 어디를 붙잡고 생사가 있다 하는 것인가.

관산국사(關山國師)의 다음의 말에 귀 기울여 보자.

"우리의 어디에 생사가 있단 말인가? 전혀 알 수 없다. 어떠한 불가사의도 없다. 생사가 오히려 잘못 된 것이라는 것을 알았다."

오래 산다고 말해도 죽음이 있는 한 몇 만 년, 몇 억 년도 안심할 수 없다.

참 안심은, 참 생사가 없음은 생사로부터 벗어나지 않으면 안 된다.

주지하다시피 불교에서는 이를 열반이라 칭한다. 열반이란 부처가 죽었다고 생각하는 것이라 하지만, 참 열반은 부처의 육체가 없어진 것을 말하는 것이 아니다.

열반이란 나라는 것이 태어남도 없고 죽음도 없어 생사가 없는 것을 말한다.

 참 의미로 석존이 열반에 들어갔다 함은 내가 생사가 없는 것이다. 따라서 우리는 현재 이곳에서 열반에 드는 것이다. 그리고 그러한 것을 가르치는 것이 불교이다.

 말하자면 확실히 그러한 것을 알고 생사에서 벗어나 일상 생활을 하며 정진하는 것이 불교적 생활인 것이다.

2. 영원한 대비행

정토진종에서 극락이란 멸도(滅度), 즉 열반을 의미한다. 멸도를 증득하는 것이 극락왕생하는 것이다.

하지만 태어남이 있는 한 죽음이 있는 것이 아닌가. 그렇다면 생사가 없는 열반이라고 할 수 없는 것이 아닌가라고 말할 사람도 있을 것이다. 하지만 정토진종의 교의(敎義)에 의하면

태어남은 태어남이 없는 것이다.

왕생(往生)의 생(生)이 보통 말하는 태어남이라면 거기에는 죽음이 따르게 된다. 틀림없이 멸하는 것이 없으면 안 된다.

그렇게 되면 극락도 보통 생사 세계의 연장이 되어 생사 없는 멸도는 있을 수 없다. 그러나

극락을 성취하는 것은 태어남이 없는 것이다.

태어남이 없는 것이 참 극락에 이르는 것으로, 오직 세상의 말로 표현하여 태어남이라 일컫는 것이라고 가르친다. 그와 같이 되는 것은 바로 나이다. 모든 사람이 되는 것이다. 결코 신만이 그렇게 되는 것이 아니다. 우리 인간 모두가 그렇게 되는 것이다. 되는 것이 아니

고 본래 그런 것이다.

불교에서는 모든 사람이 본래 부처라 한다. 한 사람도 부처가 아닌 사람이 없다. 우리는 누구든지 부처가 된다. 나의 밖에 있는 부처는 참 부처가 아니다. 그래서 선(禪)에서는 "자기 부처가 참 부처이다, 마음 밖에 부처가 없다"라 하기도 한다.

황벽과 임제는, 자기의 머리를 밖에서 찾는 연야달다를 비유로 인용하여 부처를 밖에서 구하는 어리석음을 주의시켰다.

우리의 밖에서 믿을 수 있는 참 부처는 없다. 참 부처는 믿고 예배하는 대상적인 것이 아니다. 우리 자신이 깨쳐서 주인공이 되는 것이다. 따라서 불교에서는 부처를 깨친 자라 일컫는 것이다.

모든 인간은 부처가 될 수 있다. 따라서 우리들 중 누구도 부처에 종속된 노예적 종은 없다. 불교에서는 "부처를 보고 법(法)을 보는 것은 어리석다"라고 한다. 그리고 선(禪)에서는 "조사와 부처도 함께 죽인다"라고 한다. 이는 부처란 참 자기 이외에는 없다는 것을 강조한 말이다.

절대적 절망 후에 다시 살아나는 것, 일체를 해탈하여 진실한 자기 이외 별다른 부처나 신은 없는 것이다.

그때 우리들은 어느 것에도 구속됨이 없이 무애자재한 생활을 할 수 있는 것이다.

어떠한 법칙에도 걸림이 없고, 어떠한 것에도 의지하거나 속박됨이 없다. 따라서 절대적인 안심의 경지에 살면서 하루 하루를 살아가는 것이다. 데카당스와는 달리 법칙에 구애받지 않으면서 살아가는 것이다.

그와 같은 생활이 참 불교적 생활이다. 다시 말해 부처를 만들고 부처가 움직여서 부처의 생활이 되는 것이다. 선(禪)에서는 "중생을 위하고, 중생을 교화하고, 입지를 세운다"라고 한다. 하지만 정토진종에서는 그와 같은 생활을 환상행(還相行)이라 일컫는다.

환상이란 정토진종에서는 미타의 회향, 말하자면 미타로부터 되돌려진 힘에 의해 극락에 가는 것을 말한다.

그리고 왕생이란 미타의 회향에 의해 왕상 되는 것으로 이를 일러 극락에 간다고 칭하는 것이다.

따라서 환상이란 미타의 회향에 의해 극락으로부터 다시 이 세계에 돌아오는 데 되돌아서 온 세상의 생활이 환상이 되는 것이다. 돌아온다는 것은 전술한 바와 같이 모두 열반에 들어 이미 생사에 걸림이 사라진 후 우리들이 생사의 세계에서 벗어난 것이다. 거기가 바로

다른 사람을 위하는 것, 결국 중생을 위한 것이 된다.

그러기 위해서는 목표가 진실한 나를 깨쳐 생사를 벗어나 열반에 든 부처가 또다시 생사의 세계로 되돌아와야 한다. 불교에서는 이를 "열반에도 머물지 않는다"라 일컫고, 정토진종에서는
"생사의 동산, 번뇌의 수풀에서 놀아 무연(無緣)의 대비를 행한다"라고 말하기도 한다.

자비행, 보살행 또는 교화지(敎化地) 등은 모두 이를 가리킨다. 세상의 모든 인간을 위해 행하는 것, 이에 스스로 자비심으로 세상과 인간을 위해 생활하는 것, 말하자면 이것이 환상(還相)의 생활인 것이다. 정토진종에서는 환상행(還相行)도 미타의 회향으로 본다.

미타의 공덕이 나에게 돌아오면 그 힘에 의해 우리들에게 환상(還相)되는 것이다. 정토진종에서는 우리들의 불교적 생활이란 생사에도 머물지 않고 열반에도 머물지 않는 환상행, 곧 대비행이 아니면 안 된다고 한다.

정토진종에서는 "미타의 타력에 의해 왕상(往相)하며 환상(還相)한 후 바로 부처가 되어 중생을 제도한다"라고 가르친다. 하지만 불교의 근원은
미타도 실은 환상(還相)하는 우리 자신인 것이다.

따라서 그 외 다른 미타가 있어야 한다는 정토진종의 가르침과는 차이가 있다. 환상(還相)하는 우리, 곧 법신의 화신인 보신이 모든 미타가 된다.

왕상(往相)의 결과 자신이 열반에 들어가 진실한 자기가 된 후

또다시 생사의 세계로 내려와 타인을 위해 자비를 행한다. 그 밖에 따로 미타는 없다.

미타와 함께 열반에 들어간 후 거기서부터 나온 우리, 곧 절대 죽음으로부터 다시 살아나 자비를 행하는 우리가 있다.

따라서 정토진종에서는 일반적인 의미로 죽은 후 극락왕생한다고 말한다. 하지만 왕생(往生)은 결국 우리가 열반을 얻어, 열반적 주체가 되는 것이기 때문에 죽어서 왕생하는 것이 아니라 현재 이곳에서 극락왕생하는 것이다.

현재 적멸(寂滅)하면 연화국이 된다. 그래서 불교에서는 우리가 부처가 되는 방법을 세우는 것이다. 현실에서 우리는, 말하자면 지금 처한 이곳에서 부처가 됨이 이론이 아니다.

현실에 그와 같은 방법을 세운 후 그 방법에 따라 지금 이곳에서 우리가 열반에 들어간 후 그로부터 움직여 나와 타인을 위해 자비행과 보살행을 행하면 그것이 참 환상이 되는 생활인 것이다.

정토진종의 교의(敎義)처럼 사후가 아니면 왕생할 수 없다 하면 현세의 환상행(還相行)이란 없다. 뿐만 아니라 환상행(還相行)이 현실로부터 벗어날 수밖에 없다. 만약 벗어나지 않으려면 정토진종에서도 결국 현세에서 열반에 들어간 후 또다시 생사로 나온다는 것까지 철저하게 탈피하지 않으면 안 된다. 그와 같이 철저하지 못한 점이 있다.

하지만 신난[親鸞친난]도 『교행신증(敎行信證)』 제4권에서 "우리들은 대비행이 가능하며, 그것을 행하지 않으면 안 된다"라고 확실히 기록하고 있다. 그렇듯이 불교에서는 중생은 본래 부처라는 존재로 모든 사람이 때와 곳을 가리지 않고 부처가 될 수 있으며, 그 부처의 자비행은 어느 한 개인만의 행위가 아님을 말하고 있다.

우리가 홀로 벗어나 의지함이 없는 절대적 자비행을 행하는 것으로 그 행이 없으면 안 된다. 그래서 우리는 먼저 인간성의 한계를 깊이 반성하며 스스로 깨쳐 절망을 극복하고 다시 살아나 진실한 내가 되어 이 세상에서 자비행을 행하지 않으면 안 된다. 그것이 종교 생활의 극치를 이루는 것이다.

진종에서 말하는 환상행(還相行)도 철저하여 처음으로 궁극의 불교적 생활을 하는 것이다. 따라서
불교적 생활이란 장사꾼은 장사 잘하는 것, 노동자는 열심히 일하는 것, 학자는 학문을 연구하는 것, 정치가는 정치를 잘하는 것 등 모든 사람이 때와 장소에 따라 자비행과 보살행을 실천하면 비로소 불교의 세계가 실현되는 것이다.

불국토나 극락이 따로 있는 것이 아니다. 극락과 정토는 공간적으로는 이 땅 바깥, 시간적으로는 역사 밖의 내세가 있는 것이 아니라 바로 여기에 있는 것이다. 이러한 것이 참 정토이다. 부동신(不動神)처럼 사됨을 파(破)하는 모습으로 나타나기도 하고, 관음처럼 자모의 모습으로 나타나 활동하기도 한다. 그처럼 세상에 있는 모든 사람이 본래 모습으로 평등과 절대적 사랑에 의해 서로 만나며 살아갈 수 있다. 이 정도의 궁극의 세계, 절대적으로 자재하는 인간의 생활이 대체 어디에 있는 걸까?

우리들은 필히 이와 같은 생활을 하지 않으면 안 된다. 그러기 위해서는 현재 여기서 실제로 그것을 실행하는 것이어야만 한다. 요컨

대 정토진종에서 말하는 왕상행(往相行), 『화엄경(華嚴經)』에서 말하는 환원행(還源行), 선(禪)에서 말하는 향상행(向上行), 멸도(滅度)에 이르는 행, 열반에 드는 행, 자리행(自利行)이 되어야만 한다.

　자리행(自利行)에는 이타행(利他行)도 포함된다. 이는 일체의 사람을 구하기 위해 수행하는 것이다. 법장(法藏) 보살의 서원행은 결코 법장 한 사람의 독점물이 아니다. 일체의 중생을 절망의 심연으로부터 건지기 위해 자비행을 행하는 것이다. 그래서 자비행이 베풀어지는 곳에 불교적 생활이 형성되는 것이다.

　실은 이것이 우리에게는 영원하여 퇴보함이 없는 서원에 의해 모든 중생을 하나도 버림 없이 구하는 것이 본래 사명이다. 그러기 위해서 우리는 자신을 깊이 성찰하고, 자기의 맨 밑 구렁텅이를 체험해야만 한다. 자신이 체험할 수 없으면 글이나 귀동냥을 해서라도 스스로 깨쳐야만 한다. 그래서 인간의 한계에 철저히 파고들어 탈각해야만 한다. 말하자면 어떻게 하든 이것은 먼저 해결해야 할 문제인 것이다.

　불교는 결코 나 혼자만의 것이 아니다. 모든 사람이 행하지 않으면 안 될, 진정으로 살아가는 근본이다.

　하지 않아도 살아간다고 생각하는 것이 무명이다. 이는 존중받는 인간의 참 생명을 저해하는 요소가 된다. 그래서 불교에서는 무명을 일체 번뇌의 근본이 된다고 하는 것이다. 이는 모든 인간이 반드시 한 번은 들어가야만 하는 관문이다. 우리가 이 문에 들어가지 못하는 한 진실한 삶을 영위할 수 없다. 따라서 살아 있다 함은 진정으로 살아 있는 시체와 같은 것이다.

제 5 장
불교 철학의 방법

1. 처음에

불교 철학은 자주 사용되는 말이지만 입장에 따라 의미가 여럿으로 나뉘어 그 뜻이 한결같지 않다. 이를 분석한 결과 다음과 같이 크게 셋으로 나눌 수 있다.

첫째, 불교 속에 포함되어 있는 이론을 불교 철학이라고 명칭하며 사용할 경우

둘째, 불교를 절대적인 부처, 즉 부처가 참이고 절대적인 것을 기초로 닦는 학문이라 할 경우

셋째, 불교를 전혀 염두에 두지 않고, 먼저 절대적인 것은 도대체 어떠한 것인가에 초점을 두어 자유롭게 탐구하는 학문으로, 절대적으로 진실한 것을 규명하는 것, 그리고 그런 것이 불교와 일치하는가

그렇지 않은가를 규명하는 학문이라 생각할 경우

첫째의 경우 불교는 종교이다.
서양에서는 불교를 종교가 아니라 철학이라 생각하는 경향이 짙다. 하지만 불교는 단순히 철학이라고만 볼 수 없는 종교이다. 종교는 신앙이나 체험에 따라 구제되거나 해탈한다. 그때의 신앙이나 체험은 절대자가 아주 중요한 요소가 된다. 절대자란 여러 의미가 있지만 종교에 있어서 반드시 필요한 존재이다. 서양 종교에서는 그를 신(Gott)이라 칭하고, 불교에서는 부처라 일컫는 것이다.
이처럼 종교와 신, 그리고 인간의 관계는 거의 상식화된 정의이다. 종교를 과연 신과의 관계에 비추어 보아 정의 내릴 수 있는 것인가! 그러나 종교란 인간의 영역을 초월한 것으로 신이나 부처라는 절대자가 중요한 계기가 됨은 부정하지 않는다. 종교에서 그와 같은 절대자는 단순히 학문적이나 혹은 흔히 말하는 이성으로 알 수 있는 존재가 아니기 때문이다. 그렇기에 절대를 아는 것은 이론이나 학문 이외의 방법이 된다.
일반적으로 신은 신앙에 의해 우리에게 알현된다고 생각한다.
불교에서도 부처는 분별하는 지식에 의해서가 아니라 분별을 끊을 때, 즉 분별 망상을 끊었을 때 부처가 있다고 말한다.
사실 불교에서도 절대자를 아는 방법은 종지(宗旨)에 따라 각기 다르다. 혹은 신앙에 의해 알려지는 종지도 있어 정토진종에서는 미타란 믿는 것이라 한다. 그리고 믿는 것이 아니라 실지로 깨치는 것이라는 종지도 있다. 선(禪)에서 부처를 '깨치는 것'이라 함이 그렇다.

　깨침이란 흔히 말하는 이론적 혹은 학문적으로 알 수 있는 것이 아니다. 따라서 절대를 안다고 해도 종교적으로 절대를 알 수 있는 것과 이론이나 학문으로 아는 것과는 다르다.
　보통 철학에서 절대란 어디까지나 이론이나 학문적인 사색으로 아는 것이다.
　여기서 절대를 아는 방법에는 두 가지가 있는데, 철학적인 것과 종교적인이 그것이다. 그러므로 철학으로 인해 알고 있는 절대와 종교로 인해 알고 있는 절대는 반드시 일치한다고 할 수 없다. 경우에 따라서 양자가 모순될 수도 있다. 그뿐만이 아니다. 종교에서도 종교의 파끼리 추구하는 절대가 같지 않을 뿐만 아니라 때에 따라서는 모순되는 경우도 있다. 이때

철학에서 규명한 절대가 참 절대인가 아니면 종교를 믿고 체험한 절대가 참 절대인가!
의 문제에 부닥친다. 인류의 역사에서 양자 사이의 갈등은 끊이지 않았다. 불교도 마찬가지여서 이론적인 규명과 체험적인 깨침에서 항상 갈등을 일으켰다. 그러한 맥락에서 종교에서도 절대자인 신을 어디까지 궁극하느냐에 따라 저마다의 주장이 있다. 신을 어디까지나 절대자라고 주장한다면 그 종교는 권위를 잃고 만다.

종교에서 신이 절대적이라는 주장은 예로부터 고수되어 왔다. 불교에서도 부처가 절대적이라는 주장을 굽히지 않는다. 그렇게 주장하는 근거가 어디에 있는가. 종교에서는 궁극적으로 믿든가 체험하는 근거를 갖는 것이 보통이다.

진정으로 신을 믿는다면 그것이 절대적이라 주장함이 납득이 간다. 그리고 불교의 경우 부처를 믿든가 깨치게 되면 반드시 절대적인 것이 된다.

그와 같은 궁극적인 신앙이나 종교적 체험은 절대자에 의한다는 확고한 근거가 있다. 그럼으로써 그 근거에 토대를 둔 자기 주장이 이론적으로 확립되는 것이다. 불교에서 신앙이나 체험을 기초로 하여 성립된 이론적인 불교 철학이 첫째의 경우이다.

그러나 불교의 신앙이나 체험으로 출발한 이론은 이론상으로는 미치지 못하는 하나의 가정에 불과하다. 신앙이나 체험이 바로 그렇다. 그런 탓에 절대적으로 움직일 수 없는 진리를 이론으로 하여 덧붙이는 것이다.

교회에서 절대적인 권위의 상징은 성경이다. 성경은 절대로 의심할 여지가 없는 신앙의 근거가 된다. 그런 이유로 그 속에 있는 이론을 뽑아낸 후 그것을 그리스도교 철학이라고 하는 식이다. 또한 불교에서도 마찬가지로 경전 속에 포함되어 있는 이론을 불교 철학이라 하는 경우가 있다. 그러나 불교는 교리상 최후에 가서는 철학이라는 가치를 부여할 수 없다.

둘째의 경우 철학적이다.
이를테면 가정인 종교상의 교리를 이론적인 기초로 삼아 그것이 왜 절대적인 것이어야만 하는가를 밝히려는 것이다. 이는 단순한 이론이 아니다. 가정이나 종교상의 교리에 대한 비판을 토대로 삼기 때문에 첫째의 경우와는 다르게 다분히 철학적이다.

철학의 개념을 한 마디로 규정지을 수는 없다. 하지만 첫째 원리나 절대를 최후로 관련시키지 않으면 안 된다.
또한 그것이 이어지지 않으면 철학이라 할 수 없다.
불교에서 말하는 절대나 첫째 원리는 어떠한 것인가? 그것을 밝혀내는 것이 불교 철학이다.
그래야 철학에 가까워진다. 그러나 불교에서 이러한 것을 첫째 원리로 할 것인가, 절대로 할 것인가라고 말한다 하여 곧 그것이 첫째 원리나 절대적이라고 비판 없이 수용해서는 철학적이라 할 수 없다.
철학이란 무엇인가? 그것이 진정으로 첫째 원리로 가치가 있는가? 그리고 절대적인 가치가 있는가? 엄밀히 비판하며 검토를 하고 난 후 그것을 받아들일 수 있는 비판적 자세가 필요하다.

대개 종교에서는 일반으로 종교적인 언어로 신이나 절대자라는 말이 아주 중요한 요소로 작용한다. 교회에서는 신을 절대자라고 주장한다. 또한 불교에서는 부처가 절대자라고 주장한다. 그래서 보통은 각각의 신이나 부처를 의심도 않고 또 의심을 해서는 안 됨을 이성으로 인식하고 있다. 의심한다는 것은 종교에 모순되는 행위이며 이단이나 불신의 무리라 간주되어 배척당한다. 그런 탓에 신이나 부처는 모든 비판을 배척하고 거부함이 신앙의 대상으로 되어 있다. 하지만 철학이란 그와 같이 무엇인가 의심하면 안 됨을 처음부터 규정하는 가정은 본질적으로 허락되지 않는다. 즉

철학은 의심에서부터 비롯된다. 신앙을 비판함에 있어서 철학은 일체의 가정을 비판하고, 그 가정의 객관성과 타당성을 검토하는 것에 사명이 있다.

그러므로 타종교에서 신을 절대자라고 간주한다고 하여 무비판적으로 받아들인다든가, 불교에서 부처를 절대자라 받든다 하여 그대로 긍정해서는 안 된다. 그렇기 때문에 철학적 견지에서 불교에서는 부처를 절대자라고 주장하는 것을 그대로 승인할 수는 없다.

불교에서 부처를 어떠한 이유로 절대자라 함을 이론화하는 것은 교의학(敎義學)이다.

이는 종지에도 나타나는데, 불교에서는 이를 교의(敎義)나 교리(敎理)로 일컫고 있다.

불교에도 종파에 따라 제각각의 교의(敎義)가 있다. 천태(天台)에는 천태의, 화엄에는 화엄의, 정토종에는 정토의, 선(禪)에는 선 등 제각각의 교리가 그것이다. 그러나 이와 같은 것을 철학이라 통칭하는 것

은, 엄밀한 의미에서 옳다고 볼 수 없다. 이는 독단주의(dogmatic)일 뿐이다.

철학적으로 그와 같은 교의를 비판하는 것 또한 타당한가 아닌가를 판단해서 결정할 일이다. 그럼으로써 그것을 비판하는 학문으로 철학이 성립된다. 이러한 학문이 불교에서 형성될 경우 불교 철학이라 이름 붙일 수 있다.

이 경우 불교의 주장이 기울어지지 않도록 이론을 전개해야 함은 두말할 필요가 없다. 이는 불교를 믿는 입장에서 비판하고 검토하는 대상이 되어도 진정한 종교는 절대로 손해 보지 않는다. 그것은 다른 종교에서 비난하고 공격하는 것과는 다르기 때문이다. 오히려 그러한 공격에 대해 불교의 입장을 변호하고, 반발하며 옹호해 주는 입장이다.

교회의 역사에서도 그리스 철학의 입장에서 교회의 주장을 변호하는 경우가 발견된다. 또한 근세에 와서 교회에 대한 경험 과학이 공격받을 경우, 그에 대해 변론을 펼치는 사이 본의 아니게 그 주장이 옳다고 이론적으로 반발하는 경우도 있다. 그러나 그것은 자신을 변호하는 하나의 기회이기 때문에 비판과 공격이 없어도 자신들이 당연히 해야 된다. 왜냐하면 우리는 누구나 무비판적으로는 긍정하지 않는다. 그리고
의심할 때까지 의심하여 그것이 의심할 수 없는 상황까지 이른 후에 승인하는 것과 같은 비판적·합리적인 이성이 있기 때문에 이 이성이 인정할 때까지 추구하지 않으면 받아들이지 않는다.

설사 불교 경전에 기록되어 있을지라도 그 속에 쓰여 있는 것

을 그대로 믿는다는 것을 비판적 이성은 허용하지 않는다. 따라서 불교에서 당연히 주장하는 것과 같은 이성과의 사이를 융화한다고 해도 우리로부터 승인을 받을 수 없다. 그러므로 불교 입장에서는 이성적으로 승인되는 것을 필요로 한다. 때문에 승인되는 이유를 설명하지 않으면 안 된다. 하지만 이 경우 어디까지나 불교의 주장이 침해되지 않도록 근거를 붙여야만 한다. 요컨대 처음부터 그것을 긍정함으로써 그러한 도리를 붙이게 되는 것이다. 종교는 대부분 이와 같다.

어떠한 종교도 종교 나름의, 구체적으로 말하자면 교주가 말한 것이나 행위가 절대적으로 권위가 있으므로 비판이 용납되지 않으며, 이를 비판하면 모독으로 간주한다. 몇몇 교파에서도 교조의 말에 대한 비판을 허용하지 않는 절대성을 가진 곳이 있다. 그러므로 이성적 융화라 해도 결국은 이론이 절대적 권위 위에 토대를 이루는 것이 된다.

이럴 경우 이론이 권위의 노예로 전락하고 만다. 이것이 중세 서양 철학의 양상이다. 때문에 철학을 신학의 노예라 칭하는 것이다.

대개 종교에서 종교의 기초를 만들기 위해 사용된 철학이라 해도 변명할 여지가 없다. 그 철학을 불교 철학으로 바꾸어 말하면, 엄밀한 의미에서 철학이라 말할 수 없다. 이는 교의학(敎義學)에서 한 단계 발전한 것으로 볼 수밖에 없다.

그래서 이번에는 그처럼 처음부터 권위를 인정하여 이론을 구성하는 게 아니라 일체의 모든 것을 의심하여 의심이 없는 곳까지 이르러 이성이 자유롭게 활동할 수 있도록 하여, 결국 어떤 것을 진실로 절대적 신이라 할 것인가를 생각해 보는 것이다. 가정을 하지 않고 종교상의 교리가 아닌 태도로 실재를 탐구하는 자세가 기본적으로 갖추어져야만 한다. 그렇게 될 수 있어야만 철학으로 볼 수 있기 때문이다.

이것이 전술한 셋째의 경우이다. 따라서 그 경우, 그것은 철학일 뿐 불교 철학을 어떻게 정의할 것인가 하는 문제가 제기된다. 만약 그렇다면 그것을 특별히 불교 철학이라고 일컫기보다는 일반 철학이라고 칭해야 한다. 사실 예부터 순수 철학이라 불려 왔으며 칸트나 헤겔 철학처럼 개인의 이름이 붙여져 불리고 있기 때문이다.

하지만 거기에는 처음부터 비롯된 듯한 권위는 없다. 바로 데카르트의 주장처럼
일체를 의심하고, 의심해서는 안 되는 종교상의 교리는 어느 것 하나 없다는 입장에서 비롯된다. 그러므로 처음으로 철학이 성립된다.

그러면 그런 철학이 불교 철학으로 거듭나기 위해서는 어떤 과정을 거쳐야 하는가. 첫째·둘째의 경우 불교 철학은 간단히 성립된다. 하지만 셋째의 경우
불교 철학을 어떻게 성립시킬 것인가?

이는 퍽 어려운 문제이다. 경우에 따라서 불교 철학을 첫째·둘째의 경우에는 성립시키지만 셋째의 경우에는 이르지 못한다. 엄밀한 의미에서 철학은 어디까지나 철학이며 불교 철학이 따로 성립될 수 없다고 하는 사람도 있다. 하지만 저자는 불교 철학의 성립이 가능하

다고 본다. 만약 불교 철학을 서양의 중세 스콜라 철학처럼 해석할 경우, 철학이라 해도 그저 종교상의 교리를 이론적으로 정당화시키는 것뿐이다. 그 경우 종교상의 교리는 의심하는 것이 금지되어 있으므로, 그렇게 말하는 근본 가정은 단지 이론적인 토대가 될 뿐 철학이라 칭할 수는 없다.

철학이란 의심 없는 근본 가정만으로는 성립 될 수 없다. 따라서 불교 철학이라 불린 이상 근본 가정을 세우지 않아야 한다. 바로 거기서 셋째 경우의 불교 철학의 의미를 이끌어 낼 수 있다. 결국 **어떠한 가정이 없고 종교상의 교리도 없는 불교 철학, 이야말로 참 불교 철학이라 불리게 되는 것이다.**

이 경우는 어떻게 하여 불교 철학이 성립되는 것일까? 오직 모두가 가정이 아닌 절대를 탐구한 결과 절대란 이렇다는 결론에 도달하는 것만으로 철학이라고 할 수는 있어도 따로 불교 철학이라고 칭할 수는 없다. 따라서 어떠한 철학이든 전혀 가정이 아니고 종교상의 교리가 아닌 절대를 탐구하여, 그 결과 절대란 어떤 것이다라는 결론이 나오게 되는 것이다. 그러한 결론을 도출하는 방법으로, 예전의 철학에 여러 가지가 있다. 고대의 플라톤·아리스토텔레스·데카르트·라이프니츠·칸트·헤겔 등이 그것이다. 이처럼 제각각 가정이 아닌 절대를 탐구하여 각기 다른 결론을 내렸다. 따라서 불교에서도 전혀 가정이 아닌 절대를 탐구하고 어느 특정 결론을 내놓는다면, 결론적으로 불교 철학이 성립되는 것이다.

무엇인가 처음부터 가정하며 출발하게 되면, 이를테면 '신학(神學)의 시녀(侍女)'라는 눈총을 받게 되지만, 전혀 아무 것도 가정하지 않고 절대를 탐구하여 이와 같은 결론을 내리는 불교가 있다면, 그것이야말로 진실한 의미에 있어서 불교 철학이 되지 않겠는가!

그러나 진정으로 불교가 그와 같은 가정이 아닌 절대를 탐구한 적이 있었는가가 문제이다.

사람에 따라서는 처음부터 전혀 의심 없는 불교의 교리, 근본 가정이 있다고 생각한다. 하지만 불교에서 그와 같은 사고가 진실로 바른 것인가를 생각해야만 한다. 불교에서는 신앙을 상당히 중요시하고 있다. 부처가 신앙의 대상이 됨이 그것이다. 그것은 우리의 이성이나 분별로는 미치지 못한다. 이성으로 생각하는 것이 아니라고 말한다. 그러나 불교에서 신앙이 절대가 됨을 아는 최후의 방법이 있는가를 생각해 보면 그렇지 않다. 신앙이 최후의 것이 아니기 때문이다. 오히려 신앙은 처음 단계이고 최후의 궁극적인 방법은 깨침이다. 바로 각(覺)이다.

깨침이란 실지로 증득하는 것으로 일반적으로 말하는 경험과는 다르다. 우리의 실제 경험이다. 불교에서는 부처가 절대자이긴 하지만 그 절대자는 신앙의 대상이 아니라 실제 경험이다. 부처를 의심할 수 없다 함은 결코 그것이 의심을 금하여 오직 믿기만 하라는 의미가 아니다. 일체를 의심하여 최후에는 의심할 여지가 없는 데까지 도달하여 실증하라는 뜻이다.

그러한 관점에서 볼 때 불교에서 말하는 절대자란 이미 의심할 여지없다는 것을 우리가 증명하게 되는 것이다.

절대자를 스스로 확정한 것, 말하자면 부처를 스스로 증득한 사람

이 각자인 것이다. 따라서

불교에서는 깨침과 깨쳐지는 부처는 하나일 뿐 그 사이에 차별은 없다. 깨치는 것은 깨쳐지는 것이고 깨쳐지는 것은 깨치는 것이다. 다시 말하면 능소(能所)가 하나가 되는 것이다. 그렇기 때문에 깨친 부처는 깨친 자신이 된다. 또한 깨쳐진다는 것은 깨친 부처 자신이 된다. 그러므로 능히 깨치고, 깨쳐지는 것이 하나로 둘이 아닌 것이 참 부처이다.

결론적으로

불교에서 말하는 부처란 단지 믿는 것이 아니고 깨쳐서 증득해야 되는 것이다.

그러나 그것은 대상적으로의 깨침이나 증득이 아니다. 주체적인 깨침이고 증득인 것이다. 주체적으로 증득한다는 것은 스스로 증득되도록 하는 것이다. 그런 의미에서 부처란 자기 자신을 부처라 칭하는 것으로, 요컨대 깨침을 말한다.

불교의 어떤 종지(宗旨)에서는 부처는 의심할 수 없는 '신앙의 대상'으로 삼지 않으면 안 되는 경우도 있다. 그러나 그러한 종파라 해도 참 불교라 하면 그러한 신앙의 근본에는 깨친 자로서의 부처가 있다.

불교에서 모든 가정이나 종교상의 교리까지도 없어 철저히 부정하는 듯한 표현을 자주 표방하는 것은 선(禪)이다. 선(禪)에서는 의심하면 안 된다든가 의심을 금하는 것은 있을 수 없다. 오히려 의심이 절대에 이르는 방법이라 여긴다.

선(禪)에서는

"크게 의심해야 크게 깨친다"
와 같이 의심하는 것을 깨침의 주요 수단이라 생각한다. 또한 선(禪)에서는 오히려 '일체를 의심하라'고 강조한다. 처음부터 의심하지 않음을 정하지 말고, 모든 것을 의심하라고 가르친다. 그 점에서 '일체를 의심한다'라고 하는 데카르트의 말과 통한다. 선(禪)에서는 우리들의 감각적인 대상만을 의심하는 게 아니라 정신 세계까지도 의심한다. 그 뿐만 아니라 부처나 조사도 의심한다. 더 나아가 부처가 말한 경전까지도 의심한다.

그것에 더욱 철저한 것이 불립 문자(不立文字)이다. 이는 경전의 권위를 인정하지 않겠다는 선언이다. 부처의 말과 권위도 인정하지 않겠다는 것이 불립 문자이다.

선(禪)에서는 의지할 경전이 없다. 보통 불교의 교학(敎學)에서는 경전이 절대적이다. 어긋나서는 안 되는 절대적 의지처이지만 선(禪)에서는 그것이 없다. 그렇기 때문에 문자를 내세우지 않는다. 경전만 절대적 권위가 없는 게 아니라 부처나 조사에게도 절대적인 권위를 부여하지 않는다. 따라서 선(禪)에서는

"부처도 죽이고 조사도 죽인다"
고까지 말한다. 결국 부처를 부정하고 조사를 부정하는 것이 된다. 이는 무엇을 의미하는 것일까? 일체의 모든 것에 대해 처음부터 절대적 권위를 인정하지 않는 것이 된다. 참으로 철저하여 가정도 없고 종교상의 교리도 없는 종교는 그 어느 데도 없다. 이 정도는 되어야 자유라 말할 수 있지 않을까. 선(禪)은 그러한 의미에서 상당히 독특하며 철저히 불교의 궁극을 나타낸 것이다.

이런 탓에 불교의 가정이 없는 성질, 종교상의 교리를 설정하지 않는 성질 등을 봐도 매우 철저하여 더 이상 이와 같은 것은 찾아볼 수 없다.

요컨대 불교에서 절대를 탐구하는 방법은 가정도 없고 종교상의 교리도 없기 때문에 아주 순수한 철학이 되는 것이다. 그러므로 불교에서 절대를 탐구할 경우 일체를 의심할 수밖에 없다. 석가나 조사의 말, 또는 현재 살아 있는 종사나 선사들을 절대적인 권위의 상징으로 보는 것은 불교의 본의가 아니다. 일체를 의심하더라도 그것이 불교에 대립되는 것이 아니라 오히려 더 불교적인 것이 된다.

불교는 가정이 아닌 절대를 탐구한다는 점에서 철학적이라 할 수 있다.

또한 가정으로부터 한 발자국 더 나아간 것이 있다. 그렇다고 지금까지 말한 것이 진정으로 가정이 아닌 것을 말한 게 아니다. 일반적으로 철학에서는 절대를 객관적으로 탐구하려는 경향이 있다. 하지만 탐구하는 자와 그 대상이 가정(假定)에까지는 이르지 못한다. 그러므로 탐구되는 절대란 또 탐구하는 자 밖에 있는 것이라 말해야 한다.

절대란 참으로 절대라 할 수 없다. 절대가 대상이 되면 결국 이원적으로 되기 때문이다. 이원적 절대는 참 절대가 아니다. 객관과 주관이 모두 하나가 될 때에 처음으로 절대가 된다. 일반 철학에서는 그런 것이 없다.

절대와 탐구자가 참으로 하나에 도달할 때에 불교가 철학보다 앞섰다고 할 수 있는 것이다.

불교에서 절대에 이른다는 것은 대상이 아니라 주체에 도달하게 되는 것을 말한다.

일반 철학에서 절대란 철학자에게는 대상적이다. 거기에 철학의 한계가 있다. 그러므로 철학보다는 한 발자국 앞에 나아가 있다.

불교 철학이 만약 중세의 '신학의 시녀'처럼 되면 이미 철학이라는 대열에서 벗어나는 것이다. 따라서 철학인 이상 무엇이든 처음부터 의심할 수 없다든가, 의심하는 것을 금지하는 가정이나 종교상의 교리 등이 있으면 안 된다. 철학이라면 어찌됐든 종교적인 교리와 가정 없이 일체를 의심하는 입장에서 연구하지 않으면 안 된다.

그래서 불교 철학이라 할 경우에도 일체를 가정도 종교적 교리도 없이 탐구해야 한다.

불교에는 부처라는 절대자가 있고, 궁극적임을 주장하기 위해서는 부처를 처음부터 의심하는 것을 금지하면서 그에게 절대적 권위가 있다고 가정하면 안 된다. 불교를 철학적으로 생각하려면 자유롭게 의심하면서 탐구해 가야 한다.

그러나 불교를 종교적으로 의심할 수 있을까? 만약 부처를 의심하는 것이 부처에 대한 맹종이며 불신이라 하여 금지하면 결국 불교 철학은 순수한 의미에서 철학이라고 말할 수 없다. 설사 불교 철학이라는 언어를 사용하더라도 그것은 철학이 아니고 중세 '그리스도교의 신학의 시녀'에 지나지 않는다.

부처를 의심하는 것은 신앙심이 없는 불손한 행위로 생각하는 무리가 불교에도 없는 것은 아니다. 그러한 사람은 처음부터 의심해서는 안 된다는 교리나 가정에 종속되기 때문에 이미 일체의 것을 의심하는 데서 출발하는 철학은 성립되지 못한다. 그러나 불교가 진정으로 의심하면 안 되는 베일 속의 교리나 가정만으로 존재하는가? 그것은 충분히 검토해야 할 문제이다. 만약 불교 교리가 일부 사람들이 생각하는 것처럼 의심하는 것을 금한다면 불교 철학이란 명칭은 엄밀한 의미에서 성립되지 못한다.

일체를 의심하고 의심하여 의심할 것이 없는 데까지 도달하여 그 이상 의심할 여지없는 모습으로 신앙하여야 불교 철학이 된다. 불교에서는 절대로 의심하는 것을 금지하지 않는다.

어디까지나 의심하고 의심하며 또 의심하여 궁극에 도달하는 절대적인 것을 확인하는 신앙 방법을 취한다.

지금 그런 문제를 제기하는 것은 아무런 교리도 없이 자유롭게 절대적인 것을 탐구하여 이미 의심할 여지없는 것에 도달했다고 하면,

어떠한 경우에 불교의 부처가 되는가이다. 어떤 입장에서도 그것이 불교라고 말하지 않겠다. 불교에는 불교가 도달한 결론이 있다. 그러므로 자유로운 탐구에 의해 도달한 결론은 불교라 할 수 없다. 따라서 불교에는 불교가 도달한 일련의 주장이 있다. 절대란 이런 것이라야 한다. 불교에서는 그것을
진여(眞如)라 일컫는다.

그 안에 불교의 독자적이며 절대적인 주장이 있다. 그런 독자적인 주장이 있다 하여 불교에는 종교적 교리가 있지 않은가, 또는 근본적인 가정이 있지 않은가라고 말할 수도 있다. 그러나 그런 일련의 주장이나 결론에 결코 의심을 금하는 종교적인 교리는 없다. 자유로운 입장에서 일체를 의심함으로써 도달하는 결론이기 때문에 결코 처음부터 의심하는 것을 금하는 듯한 종교적 교리와는 다르다. 그러한 궁극의 결론에 도달하는 것은 일체를 의심한 후 가능한 것으로 절대적인 것을 확인할 경우 처음부터 그것을 믿는다든가, 그것을 의심 없이 그대로 받아들일 수는 없다. 그 점에 있어서 불교는 처음부터 의심을 전혀 하지 않고 믿는다는 것은 가능하지 않다. 그러므로 믿는다는 언어를 사용할 경우 몇몇 사람들의 주장처럼, 처음부터 의심해서는 안 되며 처음부터 믿으라는 것은 없다. 그런 점에서
불교를 절대적으로 믿는 방법이란 의심이 다한 뒤에 믿는 것이다.

이는 차라리 의심을 철저하게 개입시켜 그 과정을 거친 후 믿음에 도달하는 방법이다. 믿음은 크게 두 가지로 나눌 수 있다.

하나는 의심을 금하여 주어진 그대로 맹목적으로 받아들이는 믿음이 그것이다. 예컨대 그러한 믿음은 왕왕 분별을 끊는다, 지

식을 초월한다, 나를 비워 상대를 따른다

등으로 표현하고 있다. 이는 보통 종교적 신앙이라 일컬을 때 주로 나타난다. 말하자면 직접적 신앙이라고 표현할 수 있다. 이런 신앙의 대상은 종교적인 교리의 성격을 띠고 있다. 그 대상을 신·부처·법칙이라 칭하는 것이다.

이는 흔히 신조(信條)라는 단어로 표현하는 데 의미는 같다. 이처럼 직접적인 신앙은 종교적 작용을 말하는 경우가 많다. 종교적 작용이란 종교 현상학으로 일컫지만 결국 신이나 부처를 의식하는 작용이 된다. 하지만 나쁘게 말하면 그와 같은 것을 비판도 의심도 없이 오직 빈 포대에 구별 없이 주워 담는 것이라 할 수 있다. 따라서 그런 종교에는 비판이란 전혀 찾아볼 수 없다. 그것 말고도 이성적인 움직임도 전혀 금하고 있다. 그 결과 일종의 권위, 이를테면 종교의 교리적 권위가 나오게 되는 것이다.

의심하지 말라, 의심하면 파문된다는 권위는 서양의 중세로부터 근세까지 흔히 있어 왔다. 주지하다시피 제왕도 그리스도교로부터 파문되었을 뿐만 아니라 그 자리도 빼앗겼고, 과학자가 성경에 위배되는 말을 했다 하여 극형에 처해지는 경우 등이 그것이다. 그렇게 되면 모든 이성은 무력해질 뿐만 아니라, 오직 그와 같은 권위를 옹호하기 위해 존재하는 것이 되어 이성의 자유는 없는 것이 된다.

이런 경우는 종교 뿐만 아니라 세상사에도 자주 있다. 정치의 경우에도 그와 같은 자유가 허용되지 않을 때가 있다. 그 결과 학문의 자유를 허용하지 않는 국가, 권력도 일종의 종교적 교리처럼 되는 것이다. 말하자면 봉건주의가 중요한 계기가 되어 종교적인 교리 같은 것이 정치에도 나타나는 것이다. 이성이 충분히 발달되지 않은 사람의 경우엔 그러한 교리가 적용될 수 있다. 그러나 세상은 점점 다양해지고 사람들은 예리한 관찰력과 직관력을 갖게 되어 그와 같은 교리는 쉽게 받아들여지지 않는다. 때문에 그런 종교적 교리를 가진 종교는 자연히 조락하고 만다.

또 다른 하나는 신앙도 자연히 다른 의미를 갖게 되는 것이 그것이다. 말하자면 **직접적인 신앙이 아니라 비판이나 의심을 통과한 후 이성을 매개로 한 신앙이 되는 것이다. 이는 간접적 신앙이라 일컬을 수 있다. 간접적 신앙으로 인해 처음으로 참 의미로 분별을 끊는다, 이성을 넘어 초합리적(超合理的)이다** 등의 말을 사용하게 되면 의심해도 의심할 것이 없게 된다. 그렇게 되면 처음으로 분명한 것이 되어 진정으로 의미 있는 신앙이 되는 것이다.

하지만 신앙이라 칭하는 이상 지식이나 이성의 대상이 되면 신앙의 가치는 없어진다. 이미 그것은 인식의 영역에 속해 이성의 한계인 지식이라는 단어로 불리게 되기 때문이다. 사실 신앙이란 지식을 초월한 것으로 지식의 영역에는 속하지 않는다. 이미 우리의 지식으로 판단할 수 없는 지식 이상이라는 의미로, 그것이 신앙의 모습을 이룬다. 불교의 부처나 진여(眞如)는 그런 의미에서 볼 때 신앙인 것이다.

신앙이란 단어는 다양하게 사용되고 있다. 직접적 신앙이라는 의미로 사용하는 경우도 있고, 간접적으로 신앙에 이르는 과정을 의미하는 수도 있다. 이를테면 신해행증(信解行證)이라 할 때의 신(信),

또는 교행신증(敎行信證)이라 할 경우의 신(信)도 과정으로서의 믿음이다.

정토진종에서는 현세에서 제일 높은 것으로 믿음을 말하지만 궁극에 있어서는 믿음을 제일 높은 것으로 보지 않는다. 최후의 것, 미래에 왕생하는 것은 증득이기 때문에 그 믿음은 과정으로서의 믿음인 것이다.

교행신증, 신해행증의 증득, 이것이 실증이다. 이는 달리 깨침이라 일컫기도 하며, 각(覺)·오(悟)·지(智)로도 나타내어 근본지라 칭하기도 한다.

불교에서는 궁극의 목표를 신앙이라기보다는 지(智)라는 단어로 표현한다. 지(智)는 보통의 지(知)보다는 그 지(知)를 초월한 참 지혜를 의미하는 믿음이다. 이는 증(證)·각(覺)·근본지와 같은 의미로 반야의 지(智)를 나타낸다.

한편 선(禪)의 입장에서 말하는 믿음을 보자. 이는 신심명(信心銘)처럼 직접적 신앙이 아닌 증(證)이나 각(覺)을 말한다. 임제의 신불급(信不及)의 믿음도 직접적 믿음을 말하는 것이 아니라 간접적 신앙·각(覺)·깨침을 말하는 것이다. 따라서 선(禪)에서 믿음에 미치지 못한다는 말은 깨닫지 못했다는 뜻이지 단순히 믿음만을 지칭하는 말이 아니다.

임제선에서는 철저하게 의심하는 것을 기점으로 삼아 "크게 의심하라"고 말한다. 큰 의심이란 일체를 의심하는 것으로 "큰 의심이 크게 깨친다"고 한다. 의심하지 않으면 깨칠 수 없다. 경전이나 부처에게 최후의 권위를 부여하지 않고, 최후에 웃는 자가 실제로 깨침을 증득한 자이다.

'문자를 세우지 않고, 가르침 밖에 별도로 전함'이란 어떠한 것에도 권위를 부여하지 않는다는 의미이다.

이런 종교는 희귀하지만 불교란 그런 것이다. 불교에는 종교적 교리가 없다고 결론지을 수 있는 방법은 어떠한 철학에도 있는데, 그것이야말로 진정한 철학이 된다. 그것이 단순히 직접적 신앙의 입장이라면 철학은 성립되지 못한다. 종교 중에도 철학이 성립되지 못하는 경우가 아주 많다. 종교적 교리가 있으면 철학이 성립되지 못하기 때문이다.

2. 가정(假定)이 없는 참 불교

이성(理性)에 대한 깊은 자각이 있으면 이성에만 머무르려 하지 않는다.

예부터 깊이 통찰한 사람이 이성에만 의존하지 않았음은 자연스런 현상이다. 이성이 끊어진 곳에 이성을 넘어선 것이 성립된다. 절대를 이성으로 규정하려 하거나 이성으로 인해 도달하려는 생각은 이성적 절대주의라고 할 수밖에 없다.

근세의 이성에 대한 자각도 이성절대주의라 할 수 있다. 이성절대주의를 부르짖는 사람은 이성에 대해 진정으로 자각한 게 아니다. 이성을 철저히 자각한 후 이성으로부터의 초월을 요구한다. 이성은 이성 자신에서 벗어날 것을 요구한다. 진정으로 분별을 끊으면 그때를 시점으로 새롭게 이성을 초월한 입장이 성립된다. 따라서
참으로 이성을 초월하여 이성조차 그에 따르지 않으면 안 될 때 초이성적(超理性的)이 되는 것이다. 거기에 참 신앙의 의미가 성립된다. 의심하고 의심하여 의심이 소멸되는 신앙, 그것이 참 신앙이다.

이런 신앙은 처음의 직접적 신앙과는 달리 간접적 신앙이다. 이는 이성 세례를 받고 또 받아 더 이상 그에 의해 이성이 부정되지 않는 신앙이다.

불교는 그와 같은 분별로부터 초월적인 입장이기 때문에 결코 직접적 입장의 신앙이 아니다. 그러므로 불교에는 종교적 교리가 없다.

요컨대 직접적인 신앙 교리가 없다. 그뿐 아니라 이성적인 비판도 허용하지 않는 곳에, 이성 자신으로는 유지할 수 없는 곳에 나타나는 신앙이다. 따라서 이성을 초월하여 성립시키지 않으면 안 된다. 그런 탓에 불교는 완전히 무가정적(無假定的)이다.

그리고 전혀 교리가 없다고 해야 한다. 그러므로 **전혀 종교적 교리가 없음이 교리가 되는 것이다.**

철학에서는 교리 없는 입장을 말하기도 한다. 하지만 불교에서는 그와 같은 철학 조건을 구비하고 있으므로 불교는 철학임에 의심할 여지가 없다. 그러므로 불교 철학은 충분히 성립된다.

하지만 불교에서의 가정이 없다는 말은 일반 철학에서의 가정이 없다는 말과 같으나 내용은 다르다. 차이점이 무엇인가?

철학에서 가정이 없다 함은 절대자를 탐구할 때 대상을 탐구하기 때문이다. 하지만 불교에서는 대상이 아니라 주체적 나를 탐구한다. 철학에서 절대적인 것을 탐구할 경우 탐구 결과와 탐구하는 철학자는 일체가 되지 못한다. 철학자는 탐구되는 절대자를 자기의 대상으로만 인식하기 때문에 그렇다. 따라서 그 경우 절대자란 철학자에게 인식화된 대상인 것이다. 절대자란 철학자와 따로 있는 것이 된다.
　설사 철학에서 절대자가 주(主)와 객(客)이 하나인 것, 또는 떨어질 수 없는 것이라 해도 분리할 수 없다는 하나가 대상이 된다. 때문에 철학은 분별적인 입장이 되는 것이다. 분별이란 말은 여러 경우에 사용된다. 하지만 이 경우 주(主)와 객(客)이 구체적으로 하나가 되지 않고 결국 나누어진다. 따라서 철학은 분별적인 입장에서 벗어날 수 없다.
　그러나 불교에서는 절대자를 가정 없이 탐구하여 도달하는 지점에서 자신도 절대자와 동체가 된다. 주(主)와 객(客)이 절대자에게서 하나가 되는 것이다. 의식적으로 하나가 되는 것이 아니라 진정으로 구체적이면서 사실적으로 동체가 된다. 따라서 그때는 주와 객이 구별될 수 없다.
　그런 의미에서 무분별인 것이다. 이는 분별을 초월한 무분별이다. 요컨대
불교에서 절대자라 할 경우 모든 주(主)와 객(客)을 끊은 곳에서 현성된다. 그런 현성은 깨침이 된다.
　다시 말해 증득한다는 것이다. 따라서 불교에서 증득한다는 것은 결코 일반적 의미의 이성적 증득을 증명하는 것이 아니다. 그렇다고 철학으로서 이성적 증명을 부정한 후 이성을 초월하는 듯한 것을 인정하는 것도 아니다. 오히려 그와 같은 철학적 증득으로는 도달할 수 없는 것을 증득하는 것이라 할 수 있다. 이성을 초월한 철학이란 말이 있다. 이를테면 합리주의 철학이나 초합리주의 철학도 그것이 도달한 곳은 모두 대상적인 것뿐이다. 하지만 불교의 증득이란

도달한 절대가 나이다.

  그러므로 마음 밖에서 법(法) 구하는 것을 부정한다. 예컨대 불교에서는 "마음 밖에 법(法)을 구하라"고 부정적으로 말한다. 이는 마음 밖에서 법을 찾으려는 어리석음을 가리킨다.

  이에 반해 "곧 마음이 바로 부처" 또는 "이 마음이 곧 부처"라는 말이 있다. 주인 밖에 객 없고 객 밖에 주인 없다는 의미이다. 또는 "바로 몸뚱이가 부처를 이룬다"라고도 하는데, 몸뚱이는 마음과 몸뚱이를 합한 것으로, 곧 마음과 몸이 부처를 이루는 것을 의미한다. 이는 마음과 몸뚱이가 탈락하게 되고, 탈락한 몸뚱이와 마음을 마음이라 하는 것이다. 그래서 '마음이 곧 부처'라 하는 경우 마음과 부처는 하나이다. 마음이 없으면 부처도 없다. 마음이란 우리의 보통 마음, 몸과 마음을 나누어서 말하는 것이 아니다. 또한 마음과 몸이 단순히 하나의 상태를 가리키는 것도 아니다. 마음과 몸이 탈락한 마음을 의미한다.

  "마음을 떠난 몸뚱이 없고 몸뚱이 떠난 마음 없다"란 말은 일반적으로 사람들의 구체적인 생각이다. 그래서 현실적인 인간의 구체적인 사고(思考)는 마음과 몸뚱이는 하나라고 하는 것이다. 하지만 하나인 존재는 불교적이 아니다. 그런 인간은 부정되어야만 한다.

  하나인 몸과 마음에서 탈락(脫落)하지 않으면 안 된다. 몸과 마음이 크게 한 번 죽은 것, 그것이 마음이다. 이는 인간의 유한성을 탈각(脫却)한 것으로 참 인간이다.

  또한 『임제록(臨濟錄)』에서 '하나의 지위 없는 참사람'이란 그와 같은 인간을 뜻한다. 그런 인간이 참으로 자유인, 불교적 자유인이다.

높다면 아주 높고, 깊다면 아주 깊은 자유인이다. 그 자유인은 나의 밖에 있는 게 아니라 내가 곧 그와 같은 자유인이다. 이에 불교와 철학의 차이점이 있는 것이다.

철학에서도 분별적으로 그렇게 말한다. 하지만 불교에서는 그 분별에서 벗어나 '하나의 차별없는 참사람'이 내가 되는 것이다. 내가 그렇게 되지 않으면 불교라 할 수 없다. 철학은 구체적으로 그것을 깨치거나 증득하지 못한 채 분별적으로 그렇다고 증명하는 것에 불과하다. 그런 점에서 철학은 추상적인 의미에서 벗어날 수 없는 것이다.

마음 밖에 따로 법(法)이 있다는 말은 추상적이다. 『임제록(臨濟錄)』에서 인용하여 예를 들어보자. 철학은 어디까지나 '머리를 가지고 머리를 찾는 것' 이외 아무 것도 아니다. 연야달다(演若達多)가 '머리를 가지고 머리를 찾는', 즉 '마음 밖에 법(法)을 구하는' 예가 그것이다. 그러므로 불교는 마음이 곧 부처가 아니면 안 된다. 그러한 근본 입장에서 분별이 나온다. 분별, 그것이 불교 철학인 것이다. 그래서
불교 철학에서는 일반 철학에서처럼 대상을 내세우지 않는다. 마음 밖에 진리가 없는 참 주체이다.

결국 '마음 밖에 부처 없다'를 체득한 후에 '마음 밖에 부처 없다'를 주장하는 것이다. 이런 방법으로 불교 철학을 성립시키는 것이다. 그런 점에서 볼 때
불교 철학이란 깨침 속에서 성립된 분별하는 지혜인 것이다.
따라서 불교 철학을 철학의 본질, 철학의 심연이라 일컫는 것이다.

이는 일반적인 의미의 철학의 한계를 넘어서서 성립된 철학이기 때문이다. 여기서 깊은 의미의 신학(神學)이 성립된다. 그렇다면 궁극적으로는 철학도 이를 좇아야만 한다. 이런 경우 철학은 결코 노예가 되지 않는다. 대신 자기가 자신의 한계를 인식하고, 스스로를 풀어주는 격이 된다. 그러므로 철학이 신학(神學)의 노예로부터 탈피하여 구(求)할 것이 있다. 철학이 신학의 노예가 되지 않고 철학 스스로 자신으로부터 탈피해야 함이 그것이다.

요컨대 일반적인 철학이 자기 한계를 안 후 탈각하여 분별없는 세계로 들어가 그곳에서 분별 입장을 취할 때 그것이 참 철학인 것이다. 따라서
철학은 진정한 종교의 입장인 분별 없는 세계에서 분별을 일으킨다. 그때 참 철학이 성립된다.

또한 그런 철학을 종교 철학이라 일컫는 것이다. 그런 의미에 비추어 볼 때 보통 철학과는 다르다. 흔히 종교 철학이라 하여 철학을 논하는데, 이런 경우 종교 철학이라 하기보다는 독단적인 종교를 정당화시키기 위한 전도서에 불과하다고 할 수 있다. 결코 순수 종교 철학은 그렇지 않다.

3. 무신론적 종교로서의 불교

철학에서 가정 없음과 불교에서 가정 없음은 언뜻 같은 뜻으로 비쳐진다. 하지만 내용면에서는 다르다. 철학에서 가정이 없음은 지적이지만, 불교에서 가정이 없음은 단순히 지적인 것이 아니다. 주체적이면서 전체적이기 때문에 가정이 없는 것이다.

따라서 철학자가 가정이 없는 입장에 있어도 지적인 추구에 의해 가정을 세워 없다는 결론을 내릴 뿐이다.

불교에서 말하는 일체로부터 해탈하여 전체가 하나 되어 가정 자체를 세울 수 없는 입장에 이르지는 못한다.

가정이 없다고 말하는 철학자도 불교에서 말하는 전체가 하나 되어 해탈한 인간에 대해서는 말하지 못한다. 그 점에서 철학은 지적인 입장에 한정되는 가정이라고 볼 수밖에 없다.

참으로 철저하여 가정이 없음은 전체적이고, 전체가 하나 되는 것이다.

철학자가 제아무리 가정 없는 입장일지라도 불교적 의미로 구원받은 사람, 해탈한 참 자유인이라고 할 수는 없다. 그것이 철학자가 종교가와 다른 점이다. 또한 그것이 바로 철학의 한계이다. 따라서 철학자가 철학에 한정되면 주체적인 전체를 하나로 하여 구하거나 해탈하는 일은 있을 수 없다.

예부터 철학자가 철학 속에서 종교를 인정하면서 스스로의 구원이나 해탈을 구할 때 역시 종교가 요구된다고 생각했던 것은 그런 까닭이다. 진정으로 철학의 본질을 인식한 철학자는 결코 철학 지상주의라든가 철학 만능주의를 표방하지 않는다. 참 철학을 인식한 철학자는 철학과 종교에 대한 한계를 잘 알고 있다. 그러므로 철학에 의해 구원받을 수 있는가, 아니면 해탈에 의해 구원받을 수 있는가를 생각해야만 한다.

종교적 구원이나 해탈은 아무리 노력해도 지적으로는 성립되지 못하기 때문이다.

만약 철학자가 가정이 없는 절대적 입장에 서려고 하면 모든 것으로부터 탈각(脫却)하여 그 어느 것에도 걸림이 없는, 그 어느 것으로도 규정지어지지 않는 입장에 서지 않으면 안 된다.

그렇기 때문에 외계의 자연 현상이나 자연물에 걸림이 없는 내가 되어야 함과 동시에 육체나 정신의 일체에 걸리지 않는 참나가 되어야만 한다. 또한 만물, 즉 전체로부터 해방되고 해탈된 내가 되어야만 한다. 그런 내가 되어 처음으로 가정 없는 절대가 되고, 또한 그것이 나라는 점에 있어서 가정 없는 주체가 되어야 한다.

따라서 모든 것이 내가 대상임을 인식하여 알게 되었다면, 그 역시 대상이 되므로 주체가 될 수 없다. 그러면 결국 공간적 의미로 주관 밖으로서의 전체가 아니라, 대상적인 방법으로의 절대로, 가정이 없다고 하는 것뿐이다. 말하자면 나는 가정 없는 절대를 향해 능동적으로 순수 의식의 기능적 작용을 하는 것이다. 그러므로 가정이 부분적으로 순수 이성의 대상이 아니라, 전체적으로 가정 없는 절대적 주체가 되어야만 한다. 자기 자신이 능히 행하고 행하는 것이 된다. 이것이 하나로 뭉치면 이미 숫자로서 하나가 아니고 전체의 하나이며 하나는 전체가 된다. 불교에서

"행과 행함이 같이 멸한다"

는 절대로 가정이 없는 내가 주체가 될 경우와, 그 밖의 경우이며 이것은 결국 상대적이며 개별적인 것을 의미한다. 후자의 경우 '행과 행함이 같이 멸한다'는 개개가 삼매라는 경우를 뜻한다.

　삼매란 선(禪)에서 말하는 "행과 행함이 같이 멸한다"는 완성, 말하자면 삼매란 주인과 객이 합일되는 것을 말한다.

　반면 개별적인 '행과 행함이 같이 멸한다'는 개개의 삼매가 되는데, 이 삼매는 많아서 하나가 아니라 여러 가지가 된다. 요컨대 무한한 삼매라고 할 수 있다. 바깥 경계와 일념으로 합일되는 것도 하나의 삼매이다. 말하자면 내가 정원의 소나무와 일심이 되면 나와 소나무엔 사이가 없다. 소나무가 나이고, 내가 소나무가 되는 것이다. 곧 주인과 객이 하나가 되었다고 할 수 있다. 또는 외부의 작용이 아니라 우리의 활용에 의해 삼매에 들어가는 것이다.

　이를테면 독서삼매란 문자 그대로 풀어 보면 '나를 잊어버리고 책을 읽는다'란 뜻인데, 읽는 것과 나는 둘이 아니다. 또한 작업삼매도 들 수 있다. 이렇듯 무수한 삼매가 있는데, 이것이 개개의 삼매가 된다. 주인과 객이 거기엔 없다.

하지만 개개의 삼매는 전체가 하나가 되는 삼매라고 할 수 없다. 전체가 하나가 되는 삼매는 둘이 아니다. 전체가 오직 하나인 삼매이며, 이는 전체가 된다. 이를 불교에서는
왕삼매라 칭하는데, 이것이 전체가 하나인 삼매이다.
제아무리 개개의 삼매에 들어도 전체의 삼매에는 미치지 못한다. 우리는 일상 생활에서 어느 정도 개개의 삼매를 경험한다. 내가 대상에 녹아드는 것, 또는 대상이 나에 녹아드는 것이 그것이다. 어느 것이든 같지만, 능히 행하고 행해지는 상태에 도달하게 되는 것이다. 그렇다 하더라도 왕삼매에 이르기는 어렵다.

개개의 삼매엔 무엇인가 차별적인 게 있다. 이를테면 글을 읽을 때는 글을 읽는 차별이 있고, 소나무가 되는 삼매에도 소나무라는 차별이 있고, 음악을 듣거나 곡을 연주하는 삼매에도 음악을 듣고 곡을

연주하는 차별이 있다. 일반적으로 우리의 삼매는 이런 차별적 삼매가 된다. 우리는 보통 차별적인 삼매 이외에는 경험하지 못하기 때문이다.

불교에서 비었다, 또는 없다라고 표현할 경우, 이는 행위나 행함이 없는 것만이 아니라 차별적인 것이 없음을 뜻한다.

음악·사색·즐거움·슬픔 등의 차별적인 것은 전혀 없다. 요컨대 전혀 차별이 없는 평등체인 것이다. 그래서 비었다, 없다고 표현하며 참나를 '허공과 같다'고 말하는 것이다. 허공에도 또한 어떤 형체가 있다. 아무리 세계가 무한하다고 할지라도 어떤 한계가 있다.

공간 자체에는 물체와 같은 형체가 없기 때문에 모든 모양을 공간이나 허공이라 일컬을 뿐이다. 그런 의미로 볼 때 참나는 공간과 닮았다. 참나는 모양이 없어 차별을 인정할 것이 없다. 따라서 '허공과 같다'고 하는 것이다.

하지만 '공(空)과 같다'는 아직은 모양을 갖추고 있는 것이다.

참으로 없으면 허공도 없다. 본래 한 물건도 없다는 것은 본래 아무 것도 없어서 한 물건도 없는 것이다. 안에 아무 것도 없다는 것은 밖에도 그렇다는 것이며, 안팎에 없다는 것은 참으로 한 물건도 없다는 것이다. 요컨대 참나는 모양이 없다. 모양이 있다면 차별적인 것, 한계가 있는 것이 된다. 모양이 없으면 한계도 없다.

물체엔 모양이 있으나 마음엔 없는 것으로 생각하는데, 마음에도 정신적인 모양이 있다. 이를테면 슬프다고 할 때 슬픈 모양이 있음이 그것이다. 모양이 없는 정신이라 할 경우도 모양이 된다. 모양이 없다는 개념이 모양이 되는 것이다. 따라서 내가 모양이 없다는 것은, 그와 같은 공간적·정신적 모양도 없는 것이 된다. 그래서 모양 없는 것이 순수 의식의 대상이 된다면 결국 부분적인 것이 되어 형체를 형성하게 된다.

참으로 형체가 없음은 선(禪)에서 '허공과 같다'고 할 경우 정신적인 순수 의식의 대상이 되어도 안 된다. 어디까지나 주체적으로 전체가 하나가 되어야만 한다. 그래서 부처를 밖에서 구하는 것을 부정하는 것이다. 부처를 관념적으로 생각하거나 또는 대상적으로 알거나 인식하면 참 부처는 되지 못한다. 참 부처를 알고 싶으면 내가 그 이유이다. 우리가 물체나 마음뿐이라면 없는 것, 빈 것이라 말하지 않는 것과 같이 부처라 해도 안 된다. 부처가 대상이 되면 참된 것이 아니다. 그런 의미에서 모든 부처를 부정하는 것이다. 또한 그런 점에서 선(禪)은 가정 없는 성질을 철저하고 절대적으로 밝히는 것이다.

종교란 물질은 물론 마음으로부터도 벗어나면서 신이나 부처를 최후의 의지처로 삼는 것이다. 그래서 대개는 대상적으로 믿거나, 그에게 부탁하거나, 또는 의지하여 살아가거나 하는 등 부처가 우리 밖에 따로 존재하는 것으로 생각하기 쉽다. 하지만 그럴 경우 부처는 가정이 없으며, 행과 행함을 끊는 데까지는 이르지 못한다. 선(禪)에서는 그러한 부처에게 집착하는 것을 경계하여 부정해야 한다고 주장한다. 예컨대 "부처를 만나면 부처를 죽이고 조사를 만나면 조사를 죽인다"는 말로 표현하는 것이 그것이다.

사실 불교에서는 부처를 죽인다는 말을 잘 사용하지 않는다. 선(禪)

에서 의지하는 부처라면 참 부처가 아니며, 의지할 곳이 없는 부처가 참 부처라고 표현할 뿐인 것이다. 말하자면 어딘가에 의지하며 살아가는 것은 풀에 의지하고 나무에 붙어사는 정령(精靈)과 같아 그가 죽으면 나도 함께 죽어야 한다. 그러므로
절대 자주, 절대 자율적인 것만이 참 부처라 할 수 있다.

　그런 의미에서 참 불교에서는 일반적으로 종교에서 말하는 신을 내세우지 않는다. 그렇기 때문에 불교는 무신론인 것이다. 이때 무신론은 흔히 유물론자나 인간 중심론자가 말하는 것과는 전혀 다르다.

　환상적 대상인 신을 부정하고 현실의 속박으로부터 벗어나는, 불교는 그런 종교이다.

　따라서 불교는 현실을 철저히 비판할 뿐만 아니라 상대적으로 신 또는 신이 있다는 것도 비판한다. 그것이 완전히 형성되어 있는 게 선(禪)이다.

4. 자각체(自覺體)

자각체란 문자 그대로 풀어 보면 '일체의 한정을 끊고 스스로 깨친 실체'를 뜻한다.

그럼 부처란 무엇인가? 있다고 한정하거나 성격을 붙이는 게 아니다. 따라서 부처란 그 무엇도 아니며, 결국엔 없는 것이다. 말하자면 아무 것도 아닌 것에 내가 있으므로 부처란 아무 것도 아닌 일체 속의 나인 것이다.

그래서 불교에서는 부처를 이것도 아니고 저것도 아니라며 부정적으로 표현할 때가 많다. 이는 선(禪)의 고전에서 찾아볼 수 있다. "청·황·적·백이 아니다" "크고 작은 게 아니다" "안과 밖이 아니다" "몸뚱이와 마음도 아니다" "옳고 그르고 좋고 나쁨이 아니다" "극락도 지옥도 아니다" "더 정확히 말하면 사람도 아니고 부처도 아니다"라고 표현함이 그것이다. 이와 같이 끝없는 부정의 극에 달해 "사구백비(四句百非)를 끊는다"고 말한다. 무엇을 이것이라고 하면 이미 틀린 것이다. 이것이다 저것이다라고 한정짓게 되면 이미 그것이 아니다. 따라서 언설을 끊는다. 그것은 결코 추상적으로나 논리적으로 절대 부정하는 것이 아니다.

부처는 한정을 끊은 상태에서 나인 것이다.

이렇게 한정이 끊어진 상태를 부처라 할 수 있으므로, 결코 단순한 추상으로 일체의 한정을 끊은 것은 부처가 될 수 없다. 만약 단순하게 일체의 한정을 끊은 것을 부처라 한다면 전혀 내용이 없는 추상적인 관념에 지나지 않는다. 말하자면 그런 것은 지식의 대상일 뿐이며, 우리의 사유 대상으로서 하나의 관념에 불과할 뿐이다. 결코 살아 있는 존재라든가 스스로 깨친 실체, 또는 나라고 할 수 없다. 부처란 단순히 일체의 한계를 끊었다고 하여 성립하는 단순한 관념이 아니다.

어디까지나 실재하는 스스로 깨친 실체만이 부처이다.

스스로 깨친 실체란 대상이 없다.

사람들이 나라든가 스스로 깨쳤다고 하는데, 밖으로 대상을 갖지 않는 나 자신의 본질은 스스로 깨침을 대상으로 하지 않는다. 대상이 없는 나의 실체, 그것이 깨침이기 때문이다. 따라서 **스스로 깨침이란 어떠한 상황에서든 나에게 있지 상대에게 있지 않기에 대상이 될 수 없다.**

만약 스스로 깨침의 대상이 된다면 자기 모순이 되고 만다.

스스로 깨침에서 중요한 것은 대상화 되지 않는다는 점이다.

물론 우리 스스로도 깨침을 대상으로 취급하여 대상화될 수도 있다.

하지만 대상화된 깨침이란 살아서의 스스로 깨침이 아니라 죽어서의 깨침이 되고 만다.

이를테면 우리가 눈으로 볼 경우, 보는 눈은 결코 대상이 되지 못한다. 본다는 것은 항상 나에게 있기 때문이다. 만약 본다는 것을 대상화한다면 그것을 보지 않으면 안 된다. 보는 것은 살아 있기 때문이다. 따라서 본다는 것은 대상이 될 수 없다. 대상이 되면 그것은 죽은 물체에 지나지 않는다. 그래서 보는 것은 생리학이나 심리학의 대상도 되지 못한다. 이는 생리학의 대상이 되어 볼 뿐이지 보는 것이 아니기 때문이다. 보는 작용은 그 자신을 볼 수 없다. 보이는 눈은 보는 눈이 아니다. 따라서 보인 눈이 된 경우 자기가 자기를 볼 수 없으므로, 이미 보는 것을 상실한 것이다. 전술한 바와 같이 스스로 깨침이란 결코 대상이 될 수 없다. 보통 말하는 나는 타인이 될 수 없다. 그런 점이 부처란 스스로 깨침이라고 하는 이유인 것이다. 왜냐하면 깨침이 나이기 때문이다.

대개 우리의 스스로 깨침도, 부처의 스스로 깨침과 비슷한 성격을 가진다. 하지만 보통 자각이란 무엇인가에 의한 스스로 깨침을 말한다. 스스로 깨침 자체가 한정되는 스스로 깨침이다. 그것에는 너와 나라는 갈림이 있다. 결국 '많음'이 되고 차별적인 스스로 깨침이 된다. 따라서 하나일 뿐 평등한 스스로 깨침이 아니다.

스스로 깨침이란 어느 것이나 같은 성격을 띤다. 그러면서 개개의 것은 모두 다르다. 그렇기 때문에 너와 내가 다를 뿐만 아니라 제각기 상대적으로 한정되면서 스스로 깨침이 되는 것이다. 결국 무엇인가 있는 내가 거짓 설정되는 것이다.

흔히 우리는 나란 무엇인가 없는 내가 아니고 있는 나를 말한다. 그렇기에 해탈의 요구가 일어나는 것이다. 가령 말하자면 무엇인가 없는, 한정함이 없는 나의 요구가 주체적인 내면으로부터 일어나는 것이다. 그것이 절대적 해탈의 구도적(求道的) 요구이다.

불교에서는 그런 요구에 따라 무엇인가 있는 나로부터 무엇인가 없는, 일체의 차별도 한정을 끊은 나의 실천적 길을 가는 것이다.

이는 단순한 지적 방법으로는 도저히 목적을 달성할 수 없다. 전체가 하나인 주체적 방법이어야만 한다.

결국 현실에 무엇인가 있는 나로부터 어떠한 것도 없는 내가 되는 방법이 된다. 그러므로 그것은 생각하는 방법이 아니라 실천적인 방법을 요구한다.

말하자면 주체적인 전체가 하나인 실천이 되어야만 하는 것이다. 제아무리 내가 부처와 어떤 관계라 해도 그 자체만으로는 도저히 부처가 될 수 없다.

부처가 되는 길은 몸과 마음이 하나 되는 것, 몸과 마음이 하나 되는 방법이어야만 하기 때문이다.

그것에 남는 것이 있어서는 안 된다. 나 전체로 나아가지 않으면 안 된다. 불교로 나아가는 길은 목숨을 걸고 몸뚱이가 죽어도 멈추지 않는 이유이기 때문이다. 여기서 목숨을 걸고란 나의 몸과 마음이 하나 되어 나아간다는 뜻이다. 분열된 나로는 도저히 실천할 수 없다.

요컨대 선(禪)에서 공안을 공부하는 경우 참으로 공안 삼매가 된다. 이는 '내가 하나 되어 간다'는 뜻이다. '고양이가 쥐를 노리는 것과 같다'는 곁눈질 없이 마음과 몸을 집중하여 노리는 것을 말한다. 또한 '닭이 알을 품는 것같이'란 집중하여 알을 품음으로써 알이 부화되는 것을 뜻한다. '쥐가 쌀궤를 긁는 것같이'란 한마음으로 나아가므로 전체가 통일돼 분열이 없다는 의미이다. 지·정·의 셋이 하나 되어 가는 것만이 아니라 몸과 마음이 하나 되어 모두를 하나로 집중하여 구해 가는 곳에, 전체가 하나인 주체적 통일이 있다.

선(禪)만이 아니라 참 불교 경지에 들어가면 한마음이 되어 남은 생각이 없어야 한다. 염불이면 염불 삼매, 일연종의 제목을 외우거나, 천태의 지관이나, 진언의 아(阿)자 관 등 실제로 전신전령을 들이지 않으면 안 된다. 그렇지 않으면 부분적인 것이 되어 나 전체를 해결할 수 없다. 보통의 실천 방법은 부분적인 경우가 많다.

하지만 불교의 실천은 전체가 하나인 주체적 성격을 띤다. 부처란 불(佛)을 이루어 부처가 되는 것이다. 부처는 보는 것도 아니며 그렇다고 믿는 것도 아니다.

오직 이루는 것이다.

학자에 따라 부처가 이루어지는 과정을 중요시하여 과정상 여러 가지 방편적 종지를 세우기도 하지만 궁극적으로는 부처를 이루는 것으로,

참나를 스스로 깨치는 것이다.

전체를 하나로 하는 스스로 깨침이란 아무 것도 아닌 나를 일깨우는 것이다.

아무 것도 아닌 나를 일깨우는 깨우침이 부처인 것이다.

따라서 부처란 깨친 자를 말한다. 스스로 깨친 것, 그것은 무엇인가? 아무 것도 없는 나를 스스로 깨친 것, 부처는 그런 것이다.

불교는 깨침의 종교이다. 그러나 어떤 대상으로 인해 깨친다면 그것은 깨침이 아니다. 아무 것도 없는 나를 깨워 일으키는

것이 깨침이기 때문이다. 바로 그와 같이 깨친 자가 곧 부처인 것이다.

그로 인해 모든 부처라 말하는 것이다. 경전에도 모든 부처라는 기록이 있는데, 깨친 자는 모두 부처이다. 그런 의미에서 하나만의 부처가 아닌 것이다. 어떤 것이든 없는 것으로써 나를 깨우치는 것은 모든 부처 속에 들어간다.

그런 부처는 모두 평등체로 '하나'이다.

그런 탓에 부처를 하나라 하는 것이다. 여기서 하나는 무수한 부처가 있다는 것에 모순되지 않는다. 보통 종교를 일컬을 때 다신교나 유일신교라 한다. 불교에서 모든 부처라 할 경우 그리스의 다신과는 다르다.

또한 그리스도교의 유일신과도 다르다. 일즉다(一卽多) 다즉일(多卽一)이라 말하는 것같이, 단순히 하나도 아니고 그렇다고 많음도 아니다. '일(一)'로서 '다(多)'이고 '다(多)'로서 '일(一)'인 우주 자연 실체의 근본인 것이다.

'일(一)'이어서 모두가 평등하고 '다(多)'로 인해 '일(一)'이 한없이 사용된다.

그래서 무일물중 무진장(無一物中 無盡藏 : 한 물건도 없는 가운데 무진장하다)이 성립되는 것이다. 이것이 부처의 성격이다. 아무 것도 없다는 부정에서 한 물건도 없다거나 하나가 된다는 것이 있다.

아무 것도 없는 곳에 무엇인가 있는, 모두에게 걸림 없이 모두가 있는 것이다. 해탈의 참뜻은 거기에 있다. 참 해탈이란 무엇도 없음으로 인해 있는 것에의 존재자인 것이다.

참 불교적인 사람은 어느 것에도 걸림이 없다. 소탈(疎脫)하여 속기(俗氣)를 완전히 벗어나, 속기 없이 무욕 담박한 것이 그것이다. 참 소탈이란 문자 그대로 풀어 보면 '어떠한 것에도 걸림 없는 주체'라는 의미이다. 따라서 내가 일체의 그 무엇도 아니기 때문에, 그리고 없음을 근원으로 하기 때문에 소탈이 된다고 할 수 있다. 바로 그러한 행위에 의해 없음이 나오게 되는 것이다.

그런 의미에서 불교에서 궁극적 목표로 하는 해탈이란, 무엇인가 있는 나로부터 아무 것도 없는 내가 되는 것이다.

요컨대 이것이 구도(求道)인 것이다.

5. 절대 없는 것의 주체

불교에서 가정이 없는 것 또는 가정이 없는 교리는 철학에서 가정이 없는 것, 교리가 없는 것과 다름은 전술한 바와 같다. 하지만 불교에서 교리가 없는 부분을
'절대 없는 것의 주체'
라고 보면 말로는 비교적 정확히 나타낸 듯하다. 절대 없다는 말은 단순히 부정적인 의미가 아니다. 부정적으로 절대 없음은 두 가지로 나누어 볼 수 있다.

하나는 '무엇이 없다'라 할 때 결국 전혀 아무 것도 없는 경우로 There is nothing(아무 것도 없다)이 그것이다. 말하자면 모든 것이 존재하지 않는 것이다. 이는 부정, 절대 부정이다. 결국 존재하는 것의 절대 부정이다.

다른 하나는 '무엇은 없다'라 할 때의 모든 것에, 아무 것도 없다의 경우로 It is nothing(아무 것도 아니다)이 그것이다. 이를 불교에서는 '불(不)'이나 '비(非)'로 나타낸다.

한편 비차비피(非此非彼 : 이것도 아니고 저것도 아니다)라는 말이 있

다. 그렇지만 그런 절대 부정, 일체의 그 어느 것도 '없다'는 아직 진정으로 없다가 될 수 없다. 내가 나라고 하는 긍정이 성립되기 때문이다. 나는 나이기에 둘이 아니다.

따라서 나로서 다른 것을 나타낼 수 없다. 그러나 나는 나이기에 절대 부정을 할 수 없다. 나는 나로서 존재하기 때문이다. 하지만 불교에서 말하는 부처란 아무 것도 없는 것이라 할 때의 아무 것도 없는, 이른바 something(有)에 대한 nothing(無)의 의미인 것이다.

일반적인 경우 타(他)가 아무 것도 없고 나는 나라고 하지만 불교의 경우 일체의 아무 것도 없다. It is nothing(아무 것도 아니다)은 Nothing is nothing(아무 것도 아닌 것이 아니다)인 것이다. 그런 의미에서 부처는 없다가 성립된다. 부처는 아무 것도 아니기 때문에 없다가 성립되는 것이다.

경에 '언어도단 심행처멸(言語道斷 心行處滅)'이란 말이 있다. 문자 그대로 풀어 보면 '언어의 길이 끊어지고 마음 가는 곳이 없어진다'는 뜻이다. 따라서 부처를 찾는 길은 언어나 문자로 표현할 수 없고 부처를 찾겠다는 그 생각마저도 멸했다고 할 수 있다. 그러니 마음도 대상으로 할 수 없다. 그런 탓에 '아무 것도 없다'를 용어로는 절대 부정하는 것에 대해 표현 방법상에서 의문이 일어난다. 그것은 언어 유희에 지나지 않기 때문이다. 그래서 이를 부정하기 위해 불교에서는 부정에 부정어를 더하는 것이다.

결국 '있음도 아니고 없음도 아니다' 또는 '없음이 아닌 것도 아니고 그것도 또 아니다'와 같이 부정어를 더하는 것이 '언어도단(言語道斷) 심행처멸(心行處滅)'로 언어의 단절을 의미한다. 그러나 이는 논리

유희에 불과하다. 부처란 그런 것도 없어 그의 참된 의미는 무엇이라고 결론지을 수 없다. 결국 한정을 끊는 것이다. 그런 의미에서 부처는 없다고 할 수 있다.

보통 없다고 하면 공간적인 의미를 나타낸다. 시각 세계에서 공간적인 것을 제거할 수는 없다. 하지만 공간적 세계와는 다른 정신적 세계가 존재한다.

예를 들어 나는 슬프다 할 경우, 이 말에는 공간적인 개념이 없다. 정신세계가 비록 공간적인 것의 표상일지라도 공간적인 모양을 갖지 않는다. 내가 마음속으로 책상을 생각한다 해도 마음속의 책상은 공간적인 모양이 없는 것이 그것이다. 말하자면 마음의 세계에는 공간적인 모양이 없다. 그러나 마음의 세계는 나름대로 모양이 있다. 이는 공간적인 모양과는 또 다르다.

흔히 모양은 공간적인 개념을 뜻한다. 그 경우 모양이 보이지 않기 때문이다. 그러나 마음에는 마음의 모양이 있다. 그러므로 마음의 입장에서 마음의 모양을 없앨 수 없다. 보통 마음의 세계에는 모양이 없다고 말하지 않는다. 모양 없는 마음의 상태에 제일 가까운 것이 스스로 깨침이다.

스스로 깨침에는 일정한 규칙이 없다. 일체의 마음 현상처럼 슬픔이나 기쁨이 없다. 슬픔과 기쁨, 생각하며 물건을 갖고 싶어 하는 것도 스스로 깨침을 나타낸다. 말하자면 이 세상에서 스스로 깨치지 않는 것이 없다. 이러한 스스로 깨침이 일반적 의식, 즉 통각(統覺)인 것이다. 따라서 그 통각(統覺)이 바로 내가 되는 것이다.

　나는 어떤 것으로 이루어졌으나 또 아무 것도 아니다. 모든 것 속에 있으면서 어느 것도 아니다. 말하자면 그것이 스스로 깨침인 것이다. 그렇기 때문에 스스로 깨침과 양심은 밀접히 연결되어 있다.
　우리는 무엇이든 내가 알고 있는 것은 모두 알고 있는데, 양심은 그에 연결되어 있다. 그래서 우리는 자신이 한 행동에 대해 책임을 느끼는 것이다. 하지만 양심과 스스로 깨침이 같다고는 할 수 없다. 양심은 스스로 깨침에 있어서 의식이다. 그런 반면 스스로 깨침은 인간의 가장 깊은 심연으로부터 의식이 되어 나온다.

6. 불교에서의 없음(There is nothing, It is nothing)

There is nothing에서 there의 의미는 스스로 깨침이 되는 곳이다. 즉 자신의 의미를 스스로 깨쳐야 하는 것이다. 이는 자신이 스스로 깨쳐 있는 것도 된다. 그것을 there라는 말로 표현하는 것이다.

부처를 '요요상지(了了常知)'라 일컫는다. 무슨 말인가? 스스로 깨치는 장소가 부처라는 뜻으로, 그 장소를 언제나 확실히 알기 때문이다. 요컨대 자기 자신을 항상 스스로 깨치고 있는 것이다. '요요상지(了了常知)'의 지는 물체를 대상으로 아는 것이 아니라 자기 자신을 스스로 깨치고 있음을 아는 것이다.

요컨대 그곳은 일체가 없는 것을 스스로 깨치는 장소이다. 불교에서 말하는 공(空)이란 장소는 이런 것이다.

스스로 깨쳐서 한 물건도 없을 때에 비로소 공(空)의 장소가 성립된다. 바로 그것이 불교에서 말하는 법계의 근본 뿌리가 된다. 법계는 결코 공간 속에서 이루어지는 세계가 아니다. 그것은 한 물건도 없는 것을 스스로 깨치는 장소에서 이루어진다. 그러므로 장소는 생명이 없는 장소와는 다른 보통의 세계가 이루어지는 공간과 같다. 즉 법계의 장소란 살아서 스스로 깨침이 되는 장소이다. 이렇듯 없다는 장소란 한정되는 장소가 아니다. 무한정한 장소를 말한다.

만약 한정되었다면 그것은 없다고 할 수 없다. 그에 대비된 다른 상대가 반드시 있다는 뜻이다. 그런 이유로 안과 밖이 있으면 거기에는 물체가 있다. 게다가 없다는 장소는 무한정이 되어야만 한다. 장소는 공간적인 것을 포함한다. 그러나 공간 자체는 한정이 없다. 공간 자체는 안과 밖이 없으며, 공간적으로 한정되는 것이라면 안과 밖이 있다. 그렇지만 공간은 무한정이다.

그런 의미에서 한 물건도 없는 장소를 공간에 비유한 것이다. 그리고 '허공과 같다'는 말로 표현하는 것이다. 경전이나 선(禪)에서는 그런 말을 사용하는데, 이때 허공은 모양이 없어 일체의 모양을 안으로 포함한다. 그래서 절대 없다는, 스스로 깨친 장소로서 그 자신의 모양이 없다. 그 자신의 모양이 없다는 것은, 참 내가 참 부처라는 큰 사건이 된다.

『임제록(臨濟錄)』을 보면 "마음 법(法)은 모양이 없다"라는 말이 나온다. 여기서 마음 법은 절대적으로 없는, 스스로 깨친 장소가 된다. 마음이라고 표현하는 것은 스스로 깨침이 되기 때문이다. 또한 "허공과 같다"라는 말을 하는데, 이는 여느 허공과는 다르다.

보통 허공이란 생명이 없어서 스스로 깨침이 없는 반면, 여기서 허공이란 살아서 스스로 깨치기 때문이다.

그래서 '같다[여(如)]'라고 일컫는다. 이는 없는 것을 스스로 깨치는 것이다. 한 물건도 없는 것을 스스로 깨치기 때문에 자타의 분별이 없다. 자타를 넘어서 나도 아니고 너도 아니다. 그런 의미에서 거기엔 차별이 없다. 요컨대 마음이라 해도 흔히 말하는 마음 법이라는 것은 신심(身心)의 마음이 아니다.

신심(身心)이 탈락하여 절대적으로 스스로 깨친 장소가 마음의 법인 마음이다.

그러므로 보통 마음과는 다른 마음이 된다. 흔히 마음은 '많음'이다. 모든 몸과 마음이 분리되어 생각하므로 한정되게 되는데, 그런 의미에서 '많음'이 된다. 신심탈락한 마음은 '하나'이므로 일심(一心)이다. 오직 하나이기에 둘이 아니다. 따라서 마음의 법은 모양이 없다.

『임제록(臨濟錄)』을 보면

"마음의 법(法)은 모양이 없어서 우주를 뚫고 통한다"

라는 말이 있다. 바로 우주를 뚫어서 통하는 장소가 허공, 다시 말해 공간인 것이다. 공간은 일심(一心)에 의해 성립된다. 또한 '편일체처(遍一切處 : 일체의 곳을 두루 한다)'라는 말이 있는데, 이는 부처가 모든 곳에 두루두루 있음을 의미한다. 부처는 두루 있다. 어느 곳이나 가득하다. 그와 같이 부처가 가득함은 부처가 일심(一心)이기 때문이다. 따라서 부처가 청정하다고 일컫는 것이다. 이를 일러 청정법신이라 칭하기도 한다.

청정이란 무엇인가? 문자 그대로 풀어 보면 '맑고 깨끗하다'는 뜻이다. 그렇기에 특별한 색이 들어 있거나 잡스러우면 청정이라 하지 않는다. 따라서

잡스럽지 않으면서 한계가 없는 것을 청정이라 할 수 있다.

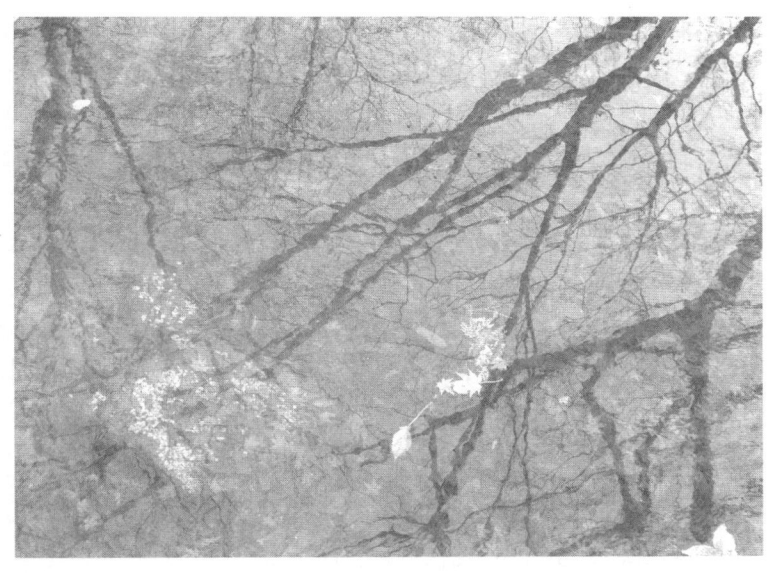

한정되어 있는 것은 투명하지 않은 것이다. 투명함의 조건은 한계가 없어야 한다. 그런 의미에서 청정은 먼지도 흙탕물도 포함되지 않은 투명한 물에 비유된다. 예컨대 한 점 구름 없는 맑은 하늘을 흔히 청정하다 하는데, 하늘에는 색이 있어 옳은 표현은 아니다. 따라서 청정에 비유할 때는 물이나 수정구슬이 적당하다. 그래서 그런 절대적인 청정을 생각한다.

그러면 무엇을 절대적인 청정이라 하는가. 이는 한 물건도 없어서 절대적인 것에도 포함되지 않는 것을 첫 번째 조건으로 한다. 즉 완전히 투명해야 하며 절대로 어떤 것에도 한정되지 않아야 한다. 그래서 한 물건도 없이 스스로 깨침의 장소를 갖추어야만 한다. 청정이란 밖에 있지 않다. 나의 내부에 있기에, 그와 같이 나 자신이 하나가 되었을 때 비로소 청정하게 된다.

법신의 몸이란 마음과 몸을 둘로 나눈 의미가 아니다. 신심탈락한 마음을 일심(一心)이라 하듯이 몸은 육체적인 것을 가리키는 것이 아님은 물론 한정된 공간 속의 존재도 아니다. 일심(一心)이란 표현처럼 몸도 일심(一心)이다. 따라서 그와 같은 법신을 청정하다 일컫는 것이다. 요컨대
절대 청정한 것은 법신 이외에 없다. 그렇기에 우리가 최후에 깨친다는 것은 그와 같은 보통의 신심으로부터 벗어나 한 물건도 없는 스스로 깨치는 장소가 되는 것이다.

'열반에 들어감'이란 표현에서 열반이란 무엇인가? 문자 그대로 풀어 보면 '사라지거나 멸한다'는 의미이다. 하지만 그것은 결코 일반적인 의미로서 사라짐이나 죽음을 의미하지 않는다.
절대적으로 없이 하여 스스로 깨침의 장소가 되는 것을 열반에 들어간다 칭하는 것이다.

이를 '대사일번(大死一番 : 크게 한번 죽는다)'이라 일컫기도 하는데, 소멸하거나 죽는다는 뜻이 아니다.

말하자면 한 물건도 없는 청정법신이 스스로 깨치는 장소가 되어 자기에게 현성되는 것이다. 그것은 나의 밖에 있는 게 아니고 나 자신이 된다.

절대적인 해탈을 이루기 위한 조건으로는 내가 아무 것도 없는 상태가 되어야만 한다. 내가 절대로 한 물건도 없는 내가 되면, 이미 그

런 나는 생각에 걸림이 없어진다. 어디에 집착하거나 걸리거나 물들거나 하는 감정은 반드시 소멸된다.

해탈이란 구속으로부터 벗어나거나 집착이 없거나 물들지 않는 것을 의미한다.

나에게 집착하는 마음이 없다면 집착하지 않게 된다. 이런 것은 모두 필연적으로 나의 내부에 구비되어야만 한다. 그래서 모두 상대적인 것이 아니라 나의 내부에 절대적인 의미를 띤다.

불교에는 무애(無碍)라는 말이 있다. 무슨 의미인가? 문자 그대로 풀어 보면 '막힘이 없다'는 뜻이다. 일반적으로 내가 막힘이 있다는 것은 나에게 무엇이 있다는 것이다. 공간은 막힘이 없다. 아무 것도 없기 때문에 막힘이 없는 것이다. 나에게 아무 것도 없다면 끝없이 자유자재하여 막힘이 없다. 그래서 무애(無碍)인 것이다.

여기에 부처가 밖에 있다고 한다면 걸림이나 막힘이 없다고 할 수 없다. 부처는 밖에 있는 것이 아니라 자기 스스로 깨치는 것이기 때문이다. 남선의 "이 마음도 아니고 이 부처도 아니고 이 물건도 아니다"의 글귀에 그 의미가 잘 나타나 있다. 선(禪)에서는 그것을 더욱더 강조한다. 부처나 조사를 대상으로 보면 참 부처가 아니다. 그것을 부정하기 위해 "부처를 만나면 부처를 죽이고 조사를 만나면 조사를 죽인다"라고 표현하는 것이다.

마음 밖에 부처는 없다. 불교란 절대 없고, 절대 부정의 종교이다. 절대 없음을 지적으로는 추구할 수 없다. 그렇기 때문에 그를 위한 특별한 행위가 된다. 내가 절대 없는 데 있기 위한 방법이 있다. 그것이 없다면 일반적으로 배우는 것과 다름이 없다.

    대체 There is nothing과 It is nothing의 차이는 무엇인가. 그 차이를 알지 못하면 절대 없음은 규명될 수 없다.

7. 참나로서의 없음

불교에서 '없다'란 개념은 일체가 없음을 의미한다. 육조혜능(六祖慧能)이 "본래 한 물건도 없다"라고 말한 것처럼 절대 없음을 나타낸다. 어디에든 아무 것도 없다. 여기서 어디에란 '오직 공간만이 아닌 공간에서 성립되는 것, 그러한 것에 아무 것도 없다'는 뜻이다. 그와 같은 곳은,

오직 단순히 나라는 것과 별도의 장소가 없어서, 그곳으로부터 본래 나라는 것이 된다.

there는 결국 참나가 된다. 참나는 아무 것도 없다. 그래서 There is nothing의 경우 there는 본래 나인 것이다. 또는 본래 내 모습이라고 할 수도 있다. 그리고 그 이외의 곳에는 부처란 없다. 그래서 본래 나의 모습이나 참나, 부처는 there가 되는 것이다. there에는 아무 것도 없다. nothing은 부처이며 참나이다.

본래 나의 모습과 같은 것은 없다. 따라서 그것은 단순히 아무 것도 없거나 소극적인 의미로서의 물체가 없음이 아니라 살아 있는 없음이다. 요컨대

참나는 결국 아무 것도 없는 곳에 있는 내가 된다.

그곳에 내가 없으면 참나가 아니다. '본래 한 물건도 없다'나 또는 '우리는 본래 공(空)이다'는 모두 그와 같은 의미이다.

가령 말하자면 선(禪)에서는 참나를 말할 때 "개미의 수염은 하나도 없다"를 자주 사용한다. 이를 달리 소탕문(掃蕩門 : 전부 쓸어버림) 또는 부정도(不定道 : 부정하여 가는 길)라 해도 좋다. '개미의 수염은 하나도 없다' '한 티끌도 세우지 않는다' '한 티끌도 이르지 못한다'처럼 그것은 있어도 있는 것 같지 않다는 의미이다. 이는 모두 쓸어서 제거[掃蕩]한, 옳고 그름, 좋고 나쁨, 사랑과 미움, 죽고 사는 것까지 모두 쓸어버린 것이다. 그러한 곳에는 모두가 '하나'이어서 '둘'이 없다. 하나는 그런 의미에서의 하나인 것이다. 따라서 이 경우 없다나 하나는 잘못된 표현이 아니다.

신비주의[神秘主義 : 신(神)이나 절대자 등 궁극적 실재와의 직접적이고 내면적인 일치의 체험을 중시하는 철학 또는 종교 사상을 말한다] 철학자 프로티노스(Plotinus)는 궁극의 것, 또는 절대적인 것을 '하나', 일자(一者)라 칭했는데, 그가 말한 '하나'는 숫자의 의미가 아니다. 끝없이 많음을 의미하는 하나를 뜻한다.

따라서 절대인 일자(一者)란 숫자의 하나, 단위로서의 하나와는 전혀 다르다. 이는 불교에서 말하는 '하나'와 같은 성격을 띤다고 보면 된다. 또한 M.에크하르트(Eckhart, Meister)는 절대의 것이란 없다고 주장한다. 그가 주장하는 없다는 일반적으로 말하는 의미의 없다가 아니라 살아 있는 없음이다. 이때 없음이란 불교에서 없다고 말하는 의미와 흡사하다. 더욱 엄밀히 말해 불교에서 말하는 것과 차이점도 있지만 프로티노스의 일자(一者)나 M.에크하르트의 없다는 불교에서 얘기하는 '한 물건도 없다'와 거의 비슷하다고 볼 수 있다. 그런 까닭에 프로티노스의 일자(一者)나 M.에크하르트의 없다에 관한 설명은 불교에서 말하는 없다처럼 친밀감이 느껴진다. 따라서 불교에서 말하는 없다와 닮은꼴을 서양 철학에서 찾을 경우 최소한 프로티노스나 M.에크하르트를 꼽을 수 있다.

신비주의에도 소탕문(掃蕩門)과 닮은꼴의 말이 있다. 부정의 문(via negativa)이 그것이다. 이는 신의 실체는 모든 물질적·인간적 속성을 부정한다는 중세의 신비가 디오니소스에 의해 특히 강조된 말로 절대에 이르는 방법을 가리킨다. 절대에 이르기 위해서는 부정의 문을 통하지 않으면 안 된다. 그것은 없음에 이르는 방법이다. 디오니소스의 부정의 문 사상은 신비주의의 특징으로 M.에크하르트가 전통을 이어왔다. 그렇긴 하지만 그에게도 원리(遠離)·이탈(離脫) 등의 중요한 개념이 있다.

그것은 존재로부터 멀리 벗어나 존재를 부정(不定)하는 길이 된다. 요컨대 불교에서 말하는 쓸어서 제하는 것과 비슷한 의미로서 '부정의 문'은 일체로부터 해탈해 간다는 뜻이다. 존재로서 자기 자신이 사라지는 것이다. 부언하면
자기 자신도 없어 전부가 본래 한 물건도 없는 나에 도달하는 것이다.

M.에크하르트의 없다에 도달하려면 역시 이탈을 취하지 않으면 안 된다. 그래서 도달하게 되는 곳은 내가 아닌, 한 물건도 없는 나인 것이다. 그런 탓에 신비주의에서는 청빈을 중요시 여기는 것이다.

청빈이란 문자 그대로 풀어 보면 '청백하여 하나도 가진 물건이 없다'는 의미이다. 따라서
모든 소유물이 없는 것이 나라고 할 수 있다.

이는 모두 쓸어서 제하는 것, 부정(不定)하여 가는 길에 의해 도달할 수밖에 없다. 신비주의에서는 청빈을 매우 높은 덕목으로 꼽고 있다. 아무 것도 없는 것과 같은 높은 덕은 그 이상 없는 것이다.

불교에서도 청빈을 최고의 덕으로 삼는다. 몸뚱이가 있고 마음이 있으면 청빈함을 이룰 수 없기 때문이다. 그것에는 몸뚱이도 마음도 없고, 보통 말하는 나도 없고 스스로 깨침도 없다.

궁극적인 깨침, 참 깨침이란 깨침이 없는 것이다. 그래서 무심 역시 차별적 마음이 없는 것만이 아니라 흔히 말하는 스스로 깨침도 없는 것이다.

마음도 참 의미에서 결국 없는 내가 되지 않으면 안 된다.

없는 나라고 해도 나라고 할 수 없는 나인 것이다.

타(他)에 대립되는 내가 아니다. 그런 의미에서 무아라 하는 것이다.

8. 참의 절대 부정

전술한 바와 같이
없음이란 논리적으로는 부정이 될 수 없다. 논리적으로 절대 부정한다고 해도 절대 부정은 그것이 논리적인 한 대상이 된다. 때문에 부정하는 자와 부정하는 곳의 대립은 둘로 나뉘어 영원히 사라지지 않는다. 이러한 논리는 분별적인 성격을 띠므로 논리적인 절대 부정은 주체적인 절대 부정이 될 수 없다.

이렇듯 신비주의에서 말하는 부정의 문(via negativa)도 결코 논리적인 부정만이 아니다. 이 점은 불교의 소탕문과 같은 성격을 띤다.

불교의 소탕문에서 완전히 싹 쓸어버리는 주체는 나이다.

보통 부정되는 것은 장소〔所〕가 되고 부정하는 것은 내〔能〕가 된다. 그러면 둘이 되어 불교의 소탕문과 다른 뜻이 된다. 하지만 불교의 소탕문에서 절대 부정이 되는 곳은 나이다.

그렇기에 일반적으로 나와 장소〔能所〕를 끊는 절대 부정이 되어야 한다. 둘이 되면 이미 '하나'라고 할 수도 없고, 또 절대 한 물건도 없다고 할 수 없다.

결국 소탕문에서 싹 쓸어버리는 곳은 한 물건도 없어서 '하나'이고, 나[能]와 장소[所]가 끊어진 것이 된다. 말하자면
부정을 하는 것도 내가 되고, 부정이 되는 장소도 내가 되어야 한다.

그래야 하나가 된다.

선(禪)에서 자주 쓰는 견성(見性)은 방법론적으로 소탕문에 해당하며, 십우도(十牛圖)에 나오는 원상(圓相)에도 해당된다. 본래 한 물건도 없다는 것은 나[能]와 장소[所]가 끊어진 상태이다. 말하자면 소도 없을 뿐만 아니라 사람도 없는 둥근 모양으로, 이것이 견성의 단적인 표현이다. 그러므로 견성이라 하여 그곳에서 보는 나와 볼 수 있는 성품이 있는 듯한 견성은 되지 못한다. 따라서 견즉성(見卽性)이라고 칭하기도 한다. 견(見)은 성(性) 이외에 없고, 성(性) 이외에 견(見)은 없다.

참 견성은 둘이 아니어서 보는 것이 바로 성(性)이고, 성(性)이 바로 보는 것이다.

보통은 보는 것과 보이는 것이 있어, 보이는 대상이 있고 보는 내가 있는 것이다. 그것은 참 견성이 아니다. 이유는 나와 나의 장소가 끊어지지 않았기 때문이다. 그래서 부정하는 나와 부정되는 장소인 내가 함께 부정되어 부정이라는 자체도 소멸 되었을 때, 즉 소탕적 부정이 되었을 때 참 견성이 성립되는 것이다.

오늘날 철학에서도 부정과 절대 부정이라는 용어를 자주 사용한다. 모두 논리적 부정을 의미한다. 하지만 불교에서 말하는 소탕적 부정과는 방법이 다르다. 절대 부정이라 해도 의미와 내용은 전혀 다르

다. 논리적인 절대 부정으로 우리의 해탈은 절대 이루어질 수 없다. 보통 논리적 절대 부정이란 부정의 궁극을 이념적으로 생각하는 것을 의미하기 때문이다. 그런 의미에서 절대 부정은 현재 하는 것은 도저히 있을 수 없다. 따라서 절대 부정은 미래지향적일 뿐만 아니라 영원히 미래지향적일 수밖에 없다.

ⓒ 임윤수

ⓒ 임윤수

9. 절대는 곧 지금, 그 절대의 이곳〔當處〕

　불교나 신비주의에서 말하는 절대 부정이란 영원한 미래가 아니라 현재이다. 결국
'지금, 바로 이곳', 즉 내가 지금 존재하고 있는 이 순간을 뜻한다. 또한 불교에서 절대로 없음을 뜻한다. 따라서 시간적·공간적인 의미에서 현재는 아니다. 모든 시간과 공간의 한정을 끊어 나가 지금 바로 존재하는 이 순간, 바로 이곳엔 절대로 시간과 공간의 구별이 없다. 내가 지금 바로 절대적으로 존재하는 이 순간이 바로 지금이다. 절대적인 순간이, 지금 바로 현재인 나이고, 동시인 것이다. 나는 그를 벗어나 있지 않다.
　과거, 현재, 미래가 바로 지금 같은 시간이다. 미래가 과거이고 과거가 미래이다. 과거, 현재, 미래를 끊는 것이다.
　그러면 시간이란 시간이라는 성질, 시간적인 영원성을 생각할지 모른다. 하지만 바로 이곳에서 절대 곧 지금이라 말할 때, 시간적으로 한정시키면 영원한 것이 못 된다. 시간적으로 영원한 것은 시간적으로 한정 되면 영원하지 못하기 때문이다.

참 영원이란 시간이 없다. 시간이 없는 것이 참 영원이다.

불교에서 영원이라 표현할 경우 시간적인 의미는 있지만, 이미 바로 이곳에는 시간적인 의미가 없다. 부처는 한량없는 목숨이라 일컫는데, 이 말에는 시간적으로 영원하다는 의미가 포함되어 있다. 하지만 시간적으로 영원하다는 것만 고집하지는 않는다. 사실 그와 같은 것의 근원이 되긴 하지만

시간이 없는 영원을 본질로 하기 때문이다.

한량없는 목숨의 참 의미란 '시간이 없는 영원이 아니면 안 된다'이다. 따라서 태어나고 죽음도 없어야만 한다.

시간이 영원해지면 반드시 시작과 끝도 없다.

불교에서 한량없는 수명이나 태어나고 죽음이 없다 할 경우 항상 시간적인 과거, 현재, 미래가 영원하지 않으면 안 된다. 일찰나(一刹那)가 영원한 것이 아니면 안 된다. 또한 그런 의미의 일찰나에는 과거, 현재, 미래가 동시에 포함된다.

요컨대 일찰나는 과거, 현재, 미래가 동시에 응축되는 순간인 것이다.

공간도 마찬가지이다.

절대의 존재에 맞닥뜨리는 곳일 경우 동서 남북, 3차원적 공간을 끊은 것이 된다. 절대의 존재에 이르는 곳에는 공간적 의미가 없다. 하지만 공간의 상하·사위(四圍)는 성립된다. 공간이 없는 속에서 일체의 공간이 이루어진다. 한 티끌 속에 우주를 포함하는 것도 이와 같다.

말하자면 화엄이나 선(禪)에도 그와 같은 공간의 개념이 있다. '한

터럭에 큰 바다를 삼킨다'와 '겨자씨에 수미산이 들어간다'가 그것이다. 하나의 가는 털도 절대의 존재에 이르러서는 일체의 공간을 포함한다. 또한 겨자씨에 수미산이 들어간다는 것도, 일체의 공간이 하나 되어 포함되므로 모순 없이 성립되는 것이다. 그런 의미에서 논리적인 절대 부정이 아니다. 현재, 바로 지금 이곳에 존재하면서 이르는 곳의 절대 부정이 소탕문에서 성립되는 것이다.

후 기

대개의 학문과 종교, 철학이 서양 중심으로 편성되어 있는 것을 그대로 받아들여 우리화할 수 있는 것인가? 그렇다면 동양적인 것은 아무 것도 없다는 뜻인가? 이 책의 출발은 이러한 의문을 던지며 내 것을 찾아 떠난 여행이었다.

한편 서양의 세계관을 중심으로 편성되어 있는 학문과 종교, 철학을 그대로 받아들여 우리화할 수 있는 것인가? 그렇다면 동양적인 것은 무슨 의미가 있는 것인가? 또한 이러한 의문을 던지며 '내 것'을 찾아 떠난 긴 여행의 종착역이 이 책이다. 의문의 여정에서 만난 글은 「동양적무」부터 시작하여 「동양적으로 형이상적이 되는 것」 「법계 연기론」 「참 종교를 찾아서」 「불교 철학의 방법」 등이다.

이 글들은 일본 불교학의 고전이라 할 수 있는 『增補久松真一著作集』 『久松真一仏教講義』 『久松真一覚の哲学』을 토대로 마음에 와 닿는 부분을 발췌하고 여기에 편역자의 생각을 덧붙인 것이다. 말하자면 '동양적인 것' '나의 것'을 찾아 떠난 여행 의도에 맞게 부분적으로 해체한 후 재구성하여 만들어진 것이다.

우리의 동양 사상은 저 멀리 히말라야 산꼭대기에서부터 태평양 바다 속까지, 서양에 없는 것들이 너무나 많다. 반대로 우리에게 없는 것이 서양에 있을 수도 있으니 열린 마음으로 이 글을 읽어주면 좋겠다.

원연 씀

깨침의 철학

처음 박은날 : 2006년 4월 1일
처음 펴낸날 : 2006년 4월 10일
지은이 · 히사마쯔신이지〔久松眞一〕
편역자 · 원연 스님
펴낸이 · 김영식
펴낸곳 · 도서출판 들꽃누리
서울시 광진구 자양2동 605-30 2층
전화 (02)455-6365 · 팩스 (02)455-6366
등록 · 제1-2508호
ⓒ 원연 스님, 2006

E-mail : draba21@dreamwiz.com
ISBN 89-90286-21-2 값 8,900원

사진 작가의 동의 없이는 이 책에 사용된 사진의 무단 전재와 무단 복제를 금합니다.
또한 이 책은 저작권법에 따라 한국 내에서 보호받는 저작물이므로
이 책 내용의 무단 전재와 무단 복제를 금합니다.